Strategisches Talentmanagement in China

Yasmin Mei-Yee Weiß

Strategisches Talentmanagement in China

Mitarbeiter finden und binden:
Leitfaden für erfolgreiche Personalführung

2., vollständig überarbeitete und erweiterte Auflage

Yasmin Mei-Yee Weiß
TH Nürnberg
Nürnberg, Deutschland

ISBN 978-3-658-10350-7   ISBN 978-3-658-10351-4 (eBook)
https://doi.org/10.1007/978-3-658-10351-4

Die Deutsche Nationalbibliothek verzeichnet diese Publikation in der Deutschen Nationalbibliografie; detaillierte bibliografische Daten sind im Internet über http://dnb.d-nb.de abrufbar.

Springer Gabler
© Springer Fachmedien Wiesbaden GmbH 2011, 2018
Das Werk einschließlich aller seiner Teile ist urheberrechtlich geschützt. Jede Verwertung, die nicht ausdrücklich vom Urheberrechtsgesetz zugelassen ist, bedarf der vorherigen Zustimmung des Verlags. Das gilt insbesondere für Vervielfältigungen, Bearbeitungen, Übersetzungen, Mikroverfilmungen und die Einspeicherung und Verarbeitung in elektronischen Systemen.
Die Wiedergabe von Gebrauchsnamen, Handelsnamen, Warenbezeichnungen usw. in diesem Werk berechtigt auch ohne besondere Kennzeichnung nicht zu der Annahme, dass solche Namen im Sinne der Warenzeichen- und Markenschutz-Gesetzgebung als frei zu betrachten wären und daher von jedermann benutzt werden dürften.
Der Verlag, die Autoren und die Herausgeber gehen davon aus, dass die Angaben und Informationen in diesem Werk zum Zeitpunkt der Veröffentlichung vollständig und korrekt sind. Weder der Verlag noch die Autoren oder die Herausgeber übernehmen, ausdrücklich oder implizit, Gewähr für den Inhalt des Werkes, etwaige Fehler oder Äußerungen. Der Verlag bleibt im Hinblick auf geografische Zuordnungen und Gebietsbezeichnungen in veröffentlichten Karten und Institutionsadressen neutral.

Lektorat: Stefanie Winter

Gedruckt auf säurefreiem und chlorfrei gebleichtem Papier

Springer Gabler ist Teil von Springer Nature
Die eingetragene Gesellschaft ist Springer Fachmedien Wiesbaden GmbH
Die Anschrift der Gesellschaft ist: Abraham-Lincoln-Str. 46, 65189 Wiesbaden, Germany

Vorwort

Tauschen wir unsere Gaben aus! (Chinesischer Staatspräsident Xi Jinping, 2014, bei seinem Staatsbesuch in Deutschland, in bewusster Anlehnung an den deutschen Philosophen und Diplomaten Gottfried Wilhelm Leibnitz).

China strebt nach Wohlstand, Wachstum und wirtschaftlichem Weltmachtstatus. Die westliche Business-Welt baut angesichts weit verbreiteter gesättigter Märkte gezielt auf China, um ihre Wachstums- und Expansionsstrategien zu realisieren oder stagnierende Nachfragen in anderen Märkten zu kompensieren. China ist der wichtigste Wirtschaftspartner Deutschlands in Asien, Deutschland wiederum ist Chinas wichtigster Handelspartner innerhalb der EU. Deutschland und China sind im Jahr 2004 auf politischer Ebene eine „strategische Partnerschaft" eingegangen, um die Bedeutung der deutsch-chinesischen Beziehungen zu unterstreichen. Mit dem Staatsbesuch des chinesischen Staatspräsidenten Xi Jinping in Deutschland Ende März 2014 wurde jene Partnerschaft sogar zu einer „umfassenden strategischen Partnerschaft" angehoben, was die besondere wechselseitige Bedeutung beider Länder füreinander unterstreichen soll. Als Konsequenz hieraus finden bereits seit 2011 regelmäßige Regierungskonsultationen statt, zuletzt im Juni 2016, an der die beiden Kabinette unter Leitung der Regierungschefs zusammengekommen sind und sich umfassend ausgetauscht haben.

Die westlichen Industrienationen sind mit China in einer wirtschaftlichen Symbiose verbunden, deren Risiken ähnlich gewaltig sind wie die enormen Chancen, die China bietet. Nicht nur Großkonzerne, sondern zunehmend auch mittelständische Unternehmen haben die Bedeutung Chinas für das eigene Unternehmen längst erkannt. Dabei rückt China nicht nur aufgrund des Wirtschaftswachstums als Nachfragemarkt in das Zentrum des Interesses. Parallel stellt China aufgrund der zunehmenden Globalisierung der Wertschöpfungsketten auch einen attraktiven Produktions- und Sourcing-Standort für global agierende Unternehmen dar. Die Situation am chinesischen Arbeitsmarkt ist hinsichtlich des Wettbewerbs um die besten Talente angespannt. Denn in China werden qualifizierte chinesische Mitarbeiter sowohl von der wachsenden lokalen Wirtschaft als auch in zunehmendem Maße von ausländischen Unternehmen nachgefragt. Es überrascht daher kaum, dass in der globalen Studie „Creating People Advantage 2014–2015" der Boston

Consulting Group die beiden eng miteinander verbundenen Themen „Leadership" und „Talentmanagement", d. h. die Gewinnung, Entwicklung und Bindung qualifizierter Mitarbeiter, als weitaus größte Herausforderungen für das Personalmanagement in China genannt wird.[1]

Viele westliche Unternehmen stellt der chinesische Arbeitsmarkt mit seiner ausgeprägten Dynamik, seinen kulturellen Spezifika und seinen Tücken vor große Herausforderungen. Eine ausgereifte Strategie, wie geeignete Talente für das Unternehmen gewonnen, entwickelt und nachhaltig gebunden werden können, besteht oftmals nicht. Mit anderen Worten: Es klafft also eine Umsetzungslücke zwischen strategischem Anspruch und tatsächlicher Umsetzung von Talentmanagementaufgaben in China. Diejenigen Unternehmen, denen es gelingt, ein strategisches Talentmanagement in China erfolgreich aufzubauen und umzusetzen, werden sich mit hoher Wahrscheinlichkeit einen erheblichen Wettbewerbsvorteil in China sichern können.

Warum aber besitzt Talentmanagement gerade in China für die Umsetzung strategischer Ziele einen derartigen Stellenwert? Schließlich könnte man vermuten, dass das bevölkerungsreichste Land der Welt – mit ca. 1,3 Mrd. Menschen und damit einem Fünftel der Weltbevölkerung – in ausreichendem Maße Arbeitskräfte zur Verfügung stellt. Rund 750 Mio. Menschen in China zählen zur aktiven Erwerbsbevölkerung. Daraus könnte man folgern, dass Talentmanagement in China nur eine untergeordnete Rolle spiele, da Arbeitskräfte schließlich in Fülle vorhanden sind. Doch dies mag allenfalls in quantitativer Hinsicht stimmen. Gerade im Segment der *qualifizierten* Arbeitskräfte, die jene Kompetenzen mitbringen, die westliche Unternehmen benötigen, herrscht ein eklatanter Mangel vor. Einer Einschätzung des Mercator Institutes for China Studies (Merics) aus dem Jahr 2015 zufolge wird ein Großteil der chinesischen Nachwuchskräfte durch ein nicht zeitgemäßes Bildungssystem am Bedarf vorbei qualifiziert.

Chinas System der beruflichen Bildung befindet sich trotz Reformbemühungen gegenwärtig noch in einem desolaten Zustand.[2] Die Gründe hierfür sind vielfältig und reichen von fehlender Praxisorientierung der Ausbildungsinhalte und unzureichender Abstimmung mit der Wirtschaft bis hin zu fehlender Kompetenz der Lehrenden in Hinblick auf aktuelle Qualifikationsbedarfe der Wirtschaft. Insbesondere westliche Unternehmen beklagen unzureichende Fremdsprachenkenntnisse, mangelnde Praxiserfahrung und mangelnde interkulturelle Kompetenzen von Bewerbern. Dabei wird mit der „Made in China 2025"-Strategie und dem geplanten Wandel Chinas zu einer innovationsgetriebenen Industrienation der Bedarf an hoch qualifizierten Arbeitskräften in den kommenden Jahren noch weiter steigen. Obwohl die von der chinesischen Regierung inzwischen

---

[1] Die weltweite Studie „Creating People Advantage" wurde von der Unternehmensberatung BCG und der WFPMA von 2014-2015 durchgeführt und zeigt u. a. einen internationalen Ländervergleich zu den dringlichsten Herausforderungen im HR-Bereich auf.

[2] Vgl. hierzu den Merics China Monitor Nr. 24 der Autoren Elena Klorer und Matthias Stepan mit dem Titel: „Ausbildung am Bedarf vorbei: Fachkräftemangel bedroht Chinas Aufstieg zur Industrie-Supermacht" (09/2015).

eingeleiteten Reformbemühungen des chinesischen Bildungssystems zur Verbesserung der Praxisorientierung langsam greifen, hat sich in den letzten fünf Jahren allenfalls eine geringfügige Verbesserung der Ausbildungsqualität von Hochschulabsolventen und Fachkräften eingestellt.

Grundsätzlich gilt am chinesischen Arbeitsmarkt die Regel, dass der Mangel an qualifizierten chinesischen Arbeitskräften umso stärker ausgeprägt ist, je höher die gestellten Anforderungen sind. Im Segment der international erfahrenen chinesischen Führungskräfte beispielsweise gilt der chinesische Arbeitsmarkt quasi als leer gefegt. Angesichts solcher Rahmenbedingungen muss von einem „War for Talents" in Bezug auf qualifizierte Arbeitskräfte in China gesprochen werden. In keinem anderen Land der Welt wird dieser „War for Talents" so schonungslos ausgetragen wie in China. Dies stellt Unternehmen – lokale wie ausländische – vor besondere Anforderungen an das Talentmanagement. Denn es geht nicht nur um die Aufgabe, geeignetes Personal zu identifizieren und zu gewinnen.

Die nächste – und womöglich die weitaus größere – Herausforderung besteht in der nachhaltigen Motivation und Bindung und damit Loyalisierung der qualifizierten Mitarbeiter. Denn gerade in China ist der Wechselwille von hoch qualifizierten Mitarbeitern deutlich stärker ausgeprägt als in anderen Märkten. In kaum einem anderen Land werden vergleichbar hohe Fluktuationsraten wie in China erreicht. Zeitverlust, finanzieller und zeitlicher Aufwand für die Neurekrutierung und insbesondere der Abgang von wertvollem Erfahrungswissen, Know-how oder gar Unternehmensgeheimnissen sind die unliebsamen und gefährlichen Folgen für Arbeitgeber. Eine erfolgreiche und nachhaltige Gewinnung, Entwicklung, Bindung und vor allem auch Motivation chinesischer Mitarbeiter gelingt im Wesentlichen durch zwei zentrale Stellhebel, die eng mit einander verwoben und Gegenstand dieses Buches sind:

- das strategische *Talentmanagement* sowie
- die erfolgreiche *Personalführung*.

In diesem Praxisratgeber erfahren Sie, worauf es in diesen beiden Themenfeldern ankommt, welche Zusammenhänge bestehen und welche spezifischen Besonderheiten im Umgang mit chinesischen Mitarbeitern zu beachten sind. Für dieses Buch sind eine Reihe von Expertengesprächen durchgeführt worden; sie sind insbesondere in die Praxis- und Best-Practice-Beispiele eingeflossen sind, die in den jeweiligen Kapiteln zur Konkretisierung der Zusammenhänge und Handlungsempfehlungen angeführt sind. Diese ermöglichen einen konkreten und praxisbezogenen Einblick in typische und wiederkehrend auftretende Problemstellungen westlicher Mitarbeiter und Führungskräfte im Umgang mit Chinesen und bieten praktische Lösungsvorschläge an.

Dieser Praxisratgeber wendet sich an:

- *Geschäftsführer, Vorstände und Führungskräfte* westlicher Unternehmen, die in China Personalverantwortung tragen oder bereits innehaben. Ihnen ist insbesondere der Teil II gewidmet. In diesem werden Handlungsempfehlungen für die erfolgreiche Personalführung chinesischer Mitarbeiter gegeben.
- *Personalmanager* aus strategischen und operativen Bereichen, die für die Ausgestaltung der Personalstrategie, -prozesse und -instrumente in China verantwortlich sind. Die Leser erhalten in Teil I umfangreiche und differenzierte Handlungsempfehlungen zur Gewinnung, Entwicklung und Bindung qualifizierter chinesischer Mitarbeiter. Darüber hinaus erhalten sie Hinweise zur organisatorischen Gestaltung und Verankerung eines strategischen Talentmanagements für China.
- *Mitarbeiter* aus allen Unternehmensbereichen, die mit chinesischen Kollegen, Führungskräften und Geschäftspartner zusammenarbeiten. Hier soll das vorliegende Buch eine umfassende Einführung in die chinesische Kultur und in die Besonderheiten der Zusammenarbeit mit Chinesen liefern.
- *Lehrende und Studierende* der Betriebswirtschaftslehre mit den Schwerpunkten Management, Organisation und Personal, die an einem praxisnahen Einblick in den chinesischen Arbeitsmarkt und strategisch ausgerichteter Personalarbeit im Zukunftsmarkt China interessiert sind.

Aus Gründen der vereinfachten Lesbarkeit wurde auf die Unterscheidung von maskulinen und femininen Begriffen verzichtet. Wenn im vorliegenden Buch daher von „Mitarbeitern" gesprochen wird, sind damit selbstverständlich stets auch „Mitarbeiterinnen" gemeint.

München
im Juni 2017

Prof. Dr. Yasmin Mei-Yee Weiß
(geb. Fargel)

Danksagung

Für meine Eltern, denen ich das parallele Auf- und Hineinwachsen in die deutsche und die chinesische Kultur und die damit verbundene Vertrautheit und Offenheit für beide Kulturen verdanke.

Für meine Tante Lai Lin, eine der freundlichsten Menschen, die ich je kennenlernen durfte.

Inhaltsverzeichnis

1	**Einleitung**...	1
1.1	China: Ein noch ungebändigter Drache und Land der Gegensätze.......	2
1.2	Die unterschiedlichen Chinas	5
1.3	Angespannte Situation am chinesischen Arbeitsmarkt: Geeignete Mitarbeiter als zentraler Wettbewerbsvorteil......................	9
1.4	Bedeutung von nachhaltigen Lösungsansätzen für das Talentmanagement in China.............................	14
1.5	Den „War for Talents" auf dem chinesischen Arbeitsmarkt gewinnen: Talente als „Kunden" begreifen	16

Teil I Strategisches Talentmanagement in China

2	**Geeignete Mitarbeiter in China akquirieren (Attract)**	21
2.1	Ableitung strategischer Kompetenzbedarfe für China aus der Unternehmensstrategie	22
2.2	Entwicklung einer starken Employer-Brand für China und gezieltes Reputationsmanagement als Arbeitgeber	24
2.3	Aufbau und Nutzung eines Portfolios an zielgruppenspezifischen Recruiting-Kanälen	30
2.4	Typische Recruiting-Risiken in China............................	37
2.5	Entsendung westlicher Expatriates versus Lokalisierung der Fach- und Führungspositionen in China	41
3	**Chinesische Mitarbeiter entwickeln und fördern (Develop)**.............	49
3.1	Auswahl von chinesischen Mitarbeitern für interne Stellenbesetzungen......................................	50
3.2	Karriereerwartungen chinesischer Mitarbeiter und Gestaltung geeigneter Karrierewege........................	52

3.3		Qualifizieren und Weiterbilden chinesischer Mitarbeiter	53
	3.3.1	On-the-Job-Maßnahmen	57
	3.3.2	Off-the-Job-Maßnahmen	61
3.4		Systematischer Aufbau einer Talent-Pipeline für weiterführende Positionen.	63

4 Chinesische Mitarbeiter binden (Retain) 67
   4.1 Anreiz- und Motivationsinstrumente für ein umfassendes Retention-Management 70
   4.2 Spezifische Loyalisierungsmaßnahmen für erfolgskritische Zielgruppen: Key-Player binden 76
   4.3 Gezieltes Wechsel- und Übergabemanagement beim Mitarbeiteraustritt und Alumni-Management. 82

5 Rollen und Verantwortlichkeiten im strategischen Talentmanagement für China 87

Teil II Erfolgreiche Personalführung

6 Führungskontext in China verstehen 95

7 Werte und Bedürfnisse chinesischer Mitarbeiter verstehen. 97
   7.1 Vorherrschende Werthaltungen, Denk- und Kommunikationsweisen der Chinesen. 98
         7.1.1 Die fünf Beziehungen („Wu Lun") und deren Einfluss auf die Werthaltungen 99
         7.1.2 Denk- und Kommunikationsweisen der Chinesen. 102
   7.2 Guanxi und Mianzi: Die Bedeutung von sozialen Beziehungen und die Wahrung des Gesichts 105
         7.2.1 Guanxi 105
         7.2.2 Mianzi 109
   7.3 Arbeits- und Lebenseinstellung chinesischer Mitarbeiter 109

8 Eigene Führungsrolle in China verstehen 113
   8.1 Zentrale Elemente einer erfolgreichen Personalführung in China und Entwicklung eines persönlichen, kulturadäquaten Führungsstils. . . . 114
         8.1.1 Wertschätzung 115
         8.1.2 Wertschöpfung. 116
   8.2 Teamführung in China 118
   8.3 Frauen in Führungspositionen in China. 121

Literatur. 123

Über die Autorin

Autorenfoto: Hilke Opelt

Prof. Dr. Yasmin Mei-Yee Weiß (geb. Fargel) wuchs in einer deutsch-chinesischen Familie auf und besuchte renommierte Schulen und Hochschulen im In- und Ausland. Nach Abschluss ihres betriebswirtschaftlichen Studiums wurde sie 2004 in Wirtschaftswissenschaften an der Katholischen Universität Eichstätt promoviert. Von 2005 bis 2006 war sie als Unternehmensberaterin bei Accenture in München in internationalen Beratungsprojekten tätig. Von 2006 bis 2014 arbeitete sie als Personalmanagerin für die BMW Group in unterschiedlichen Funktionen, u. a. in der Personalstrategie und -politik, in der strategischen Personalentwicklung sowie im Personalmanagement für BMW China. Seit 2011 hat Yasmin Mei-Yee Weiß eine Professur für Personal und Organisation an der Technischen Hochschule Nürnberg inne. Ihre Forschungsaktivitäten beziehen sich auf die Optimierung der deutsch chinesischen Zusammenarbeit sowie auf Kompetenzveränderungen im Zuge der digitalen Transformation der Wirtschaft.

Zusätzlich zu ihrer Professur ist Yasmin Mei-Yee Weiß in der Privatwirtschaft tätig. Sie gehört dem Aufsichtsrat des deutschen Leistungselektronikherstellers Semikron International sowie dem Beirat des globalen Logistikunternehmens BLG Logistics an. Ferner ist sie geschäftsführende Direktorin des Instituts für deutsch-chinesische Zusammenarbeit Prof. Dr. Fargel, das sie gegründet hat.

2014 wurde Yasmin Mei-Yee Weiß vom Bundeswirtschaftsministerium in den Außenwirtschaftsbeirat sowie von Bundeskanzlerin Angela Merkel in den Innovationssteuerkreis der Bundesregierung berufen.

Abbildungsverzeichnis

Abb. 1.1	Größte Herausforderungen für deutsche Unternehmen in China	9
Abb. 1.2	Trends auf Angebots- und Nachfrageseite am chinesischen Arbeitsmarkt	11
Abb. 1.3	Ausgeprägter Mangel an Führungskräften am chinesischen Arbeitsmarkt	12
Abb. 2.1	Schritte für die Entwicklung einer Employer Brand für China	27
Abb. 2.2	Zielgruppenspezifische Recruiting-Kanäle für potenzielle Mitarbeiter für China	32
Abb. 2.3	Vor- und Nachteile des Einsatzes von Expatriates und lokalen Mitarbeitern in China	43
Abb. 4.1	Rationaler und emotionaler Nutzen von Anreizen für chinesische Mitarbeiter	72
Abb. 4.2	Analysematrix für ein gezieltes Retention-Management	79
Abb. 7.1	Unsichtbare Mitarbeiterwerte und -bedürfnisse	98
Abb. 7.2	Harmonie durch Einhaltung gegenseitiger Verpflichtungen	99
Abb. 7.3	Zentrale Werthaltungen der Chinesen	101
Abb. 7.4	Das Zugehörigkeits- und Gruppengefüge der Chinesen	107
Abb. 8.1	„Yin und Yang" der Führung chinesischer Mitarbeiter	115
Abb. 8.2	Phasen der Teamentwicklung und die Bedeutung von Vertrauen	119

Einleitung 1

*Wenn du in ein Land eintrittst, erkundige dich nach dem, was
verboten ist. Vor allem aber erkundige dich nach den Gebräuchen*
(Chinesische Volksweisheit).

Zusammenfassung

Für viele westliche Mitarbeiter und Führungskräfte, die mit Aufgaben rund um das Chinageschäft betraut werden, ist das Reich der Mitte noch weitestgehend eine „Terra Incognita" oder ein Buch mit sieben Siegeln. Wie „ticken" die Chinesen? Was treibt sie an? Können wir ihnen vertrauen? Fragen wie diese werden oft während der Zusammenarbeit mit Chinesen gestellt. Geschäftsbeziehungen westlicher Unternehmen mit China und die Zusammenarbeit westlicher Mitarbeiter mit Chinesen implizieren immer, dass zwei sehr unterschiedliche Kulturen aufeinanderprallen. Beide Seiten erleben, wie ihre jeweilige „Welt der Selbstverständlichkeiten" für ihr Gegenüber oftmals alles ist, nur eben nicht selbstverständlich. Für viele westliche Mitarbeiter, die nach China entsandt werden, erscheint dieser Schritt wie eine „Reise in das Ungewisse". Doch aller kultureller Unterschiede, Unwägbarkeiten des chinesischen Marktes und fehlender Selbstverständlichkeiten zum Trotz, ist China ein nicht wegzudenkender Absatzmarkt für viele Unternehmen. Denn mit ihren Werkzeugmaschinen, Kraftwerksturbinen, Leistungselektronik und Luxusautos hat die deutsche Industrie genau jene Produkte im Angebot, nach denen das aufstrebende Riesenreich China hungert.

Während es in den 1990er Jahren noch um das rechtzeitige Aufspringen auf den „China-Zug" und das erstmalige Erschließen von Wachstumsmärkten ging, stellt das Chinageschäft im neuen Jahrtausend bereits bei vielen Unternehmen einen integralen Bestandteil der Unternehmensstrategie dar. Der oft zitierte „Zukunftsmarkt China" ist also längst zu einer zentralen Herausforderung der Gegenwart geworden. Gemessen am Import- und Exportvolumen stellt China für Deutschland noch vor den Niederlanden, Frankreich und den USA den wichtigsten Handelspartner dar.[1] Der chinesische Staatspräsident Xi Jingping hat auf dem jüngsten Weltwirtschaftsforum 2017 in Davos sein Land als starken Befürworter des Welthandels vorgestellt und damit auf den protektionistischen Kurs seines US-Amtskollegen Donald Trump reagiert. Eine solche Positionierung Chinas wäre vor einigen Jahren noch unvorstellbar gewesen. Zwar gilt, dass die Chinesen immer noch ganze Sektoren ihrer Wirtschaft abschirmen. Dennoch stellt die Volksrepublik aus Sicht der europäischen Länder einen stetig bedeutsamer werdenden Partner auf wirtschaftlicher und politischer Ebene dar, insbesondere angesichts des neuen außenwirtschaftlichen Kurses der USA. Das Chinageschäft hat inzwischen eine signifikante Größe und Komplexität erreicht mit entsprechend wachsenden Anforderungen an die Führungskräfte und Mitarbeiter – westliche wie lokale gleichermaßen –, die für die Bewältigung der Herausforderungen des Chinageschäfts verantwortlich zeichnen.

Um den Kontext der Herausforderungen des Chinageschäfts besser einschätzen zu können, lohnt sich ein überblicksartiger Exkurs über die Besonderheiten Chinas, um einen genaueren Einblick in die Spezifika des riesigen Landes zu erhalten, das manchen Geschäftsleuten nach wie vor wie ein ungebändigter Drache erscheinen mag: geheimnisvoll, kraftvoll, unberechenbar und voller Gegensätze (1). Ferner lohnt sich ein dezidierter Blick darauf, unter welchen Facetten das riesige Land China zu betrachten ist und welche unterschiedlichen Typen von chinesischen Menschen und damit Mitarbeitern es gibt. Ein solches Verständnis ist insbesondere für die Personalführung chinesischer Mitarbeiter von Relevanz (2). Des Weiteren wird erläutert, was die Gründe für den angespannten chinesischen Arbeitsmarkt sind und warum gerade in China qualifizierte Mitarbeiter den entscheidenden Wettbewerbsvorteil für den Erfolg im Chinageschäft darstellen (3). Im Anschluss daran wird dargestellt, warum nachhaltige Lösungsansätze im Talentmanagement empfehlenswert sind (4) und der intensive „War for Talents" am chinesischen Arbeitsmarkt am besten durch ein „Kundenverständnis" als Grundphilosophie des strategischen Talentmanagements gewonnen werden kann (5).

1.1 China: Ein noch ungebändigter Drache und Land der Gegensätze

Historisch gesehen hatten die Chinesen in vielerlei Hinsicht die Nase vorn. Sie erfanden beispielsweise den Kompass, das Papier, das Porzellan und den Buchdruck. Aus derartigen Leistungen speist sich bis heute noch der Anspruch und auch das Selbstbewusstsein der Chinesen, ihre führende Rolle von damals auf internationaler Ebene zurückzuerobern und wieder den Platz einzunehmen, der ihnen nach eigenem

---

[1]Vgl. Statistisches Bundesamt (2015).

Verständnis gebührt: das „Reich der Mitte" zu sein, das Zentrum der großen Wirtschaftsnationen. Im 21. Jahrhundert scheinen der erneute Durchbruch Chinas und dessen Anspruch auf eine wirtschaftliche Vorreiterrolle zu gelingen. So ist China gerade dabei, die zweitgrößte Volkswirtschaft der Welt nach den USA zu werden. Bereits seit mehreren Jahren stellt China weltweit den größten Investitionsmagneten für ausländische Unternehmen dar. Und Chinas Wirtschaft wächst weiter. Allerdings hat sich Chinas Wirtschaftswachstum seit 2012 verlangsamt und betrug im Jahr 2014 rund 7 %. Staatspräsident Xi Jinping spricht seit 2014 von einer neuen Wachstumsphase, die er als „the new normal" bezeichnet. Damit ist gemeint, dass die chinesische Regierung in der absehbaren Zukunft von einem moderateren, dafür aber nachhaltigerem Wachstum für China ausgeht. Ministerpräsident Li Keqiang hat 2017 ein zukünftiges Wachstumsziel von rund 6,5 % des Bruttoinlandproduktes als realistisches Ziel kommuniziert. Die Weltbank prognostiziert, dass das Reich der Mitte bereits ab dem Jahr 2025 die USA als größte Volkswirtschaft der Welt ablösen könnte.

Vor diesem Hintergrund gehört für die US-amerikanischen Medien die Statusmeldung zur wirtschaftlichen Rangordnung zu den wichtigsten Wirtschaftsnachrichten der ersten Wochenhälfte. Denn China gilt in den USA seit Jahren als der Maßstab für das künftige ökonomische Kräfteverhältnis in der Welt. In einigen Branchen zeichnet sich bereits jetzt die führende wirtschaftliche Bedeutung Chinas ab. So stellt China beispielsweise schon jetzt den größten Absatzmarkt der Welt für Automobile dar – mit entsprechenden Chancen und Herausforderungen für westliche Automobilhersteller und deren Zulieferindustrie. Gefragt sind in China insbesondere die großen und teuren Luxuskarossen wie beispielsweise die 7er-Reihe von BMW, für die China mittlerweile der größte Absatzmarkt der Welt ist.

„Das Comeback des Reichs der Mitte ist das bedeutendste welthistorische Ereignis dieses Jahrhunderts", schrieb die Zeitschrift „Wirtschaftswoche" bereits im Jahr 2004 in einer deutsch-chinesischen Sonderausgabe. „Zugpferd der Weltwirtschaft", „größter Wachstumsmarkt" und „Exportweltmeister" sind derzeit wiederkehrende Begriffe in den Medien, mit denen das China der Gegenwart beschrieben wird. Seit der wirtschaftlichen Öffnung Chinas durch Deng Xiaoping Ende der 1970er Jahre hat das Land einen schwindelerregenden und rasanten Wandel durchlaufen, der bis heute andauert und westliche Unternehmen anlockt. Nur um ein paar konkrete Zahlen zu nennen, die in eindrucksvoller Form die Dimensionen des wirtschaftlichen Wachstums verdeutlichen: In China gibt es inzwischen rund 200 Städte mit mehr als einer Million Einwohner. Mittlerweile leben rund 900.000 US-Dollar-Millionäre in China, jeden Tag kommen schätzungsweise 40 neue hinzu, und der Wohlstand der Stadtbevölkerung wächst kontinuierlich weiter. Allein am chinesischen Neujahrstag werden 13 Mrd. SMS verschickt, so viele wie in keinem anderen Land der Welt. Das rasante Tempo, mit dem wirtschaftliche Ballungszentren und Großstädte wie Peking, Shanghai, Wuhan, Shenzhen oder Shenyang wachsen, darf allerdings nicht darüber hinwegtäuschen, dass weitreichende Teile Chinas nach wie vor unterentwickelt sind. China befindet sich derzeit in einem regelrechten Wirbelsturm der Umorientierung des Landes.

Im Jahr 2015 hat die chinesische Regierung einen ambitionierten Fahrplan für die Modernisierung der chinesischen Industrie verabschiedet. Die sogenannte „Made in China 2025"-Strategie formuliert in transparenter Form konkrete Ziele bis 2025. Die Zukunftsvisionen des Landes sind groß. Bis zu ihrem 100. Geburtstag im Jahr 2049 soll die Volksrepublik im internationalen Vergleich zur führenden „Industrie-Supermacht" aufsteigen.[2] Die Marke „Made in China" soll bis zu dem Zeitpunkt nicht mehr länger für billige Massenware, sondern für Innovation, Qualität und Effizienz stehen. Für westliche Unternehmen ist vor diesem Hintergrund mit einer wachsenden Konkurrenz aus dem Reich der Mitte zu rechnen. Das erfordert eine zunehmende Wachsamkeit in Bezug auf chinesische Konkurrenz.

Der Versuch, den chinesischen Drachen zu zähmen, kommt daher einer äußerst anspruchsvollen und kräftezehrenden Mammutaufgabe gleich. Das erfolgreiche Bearbeiten des chinesischen Marktes sollte aus Sicht westlicher Unternehmen daher als langwieriger „Marathon" und nicht als kurzer „Sprint" begriffen werden. Dies gilt entsprechend auch für das Personal- und Talentmanagement in China. Denn die Kultur- und Mentalitätsunterschiede zwischen dem Westen und China sind nach wie vor gewaltig. Oftmals stellt die unzureichende Berücksichtigung dieser Unterschiede den Hauptgrund für das Scheitern vieler Chinainvestitionen dar. Viele westliche Unternehmen haben in der Vergangenheit viel Lehrgeld in China bezahlen müssen. Vor einigen Jahren hat der renommierte deutsche Plüschwarenhersteller Steiff angekündigt, aus Qualitätsgründen seine Chinaproduktion teilweise nach Europa zurückzuverlagern. Zu groß waren die Herausforderungen, die chinesischen Mitarbeiter und Prozesse so weit zu bringen, dass die hohen Qualitätsstandards durchgehend gewährleistet werden konnten und sich das Engagement für Steiff in China rentierte. Dies unterstreicht einmal mehr, dass die sogenannten „Hard Factors" wie eine richtige Produkt-, Markt- oder Einkaufsstrategie allein nicht ausreichen, um nachhaltig in China erfolgreich zu sein. Zu sehr wird immer noch unterschätzt, dass die „Soft Factors" wie die Gewinnung geeigneter Mitarbeiter, deren Qualifizierung, Bindung, der Aufbau von Vertrauen und Motivation wesentliche Erfolgsfaktoren für eine erfolgreiche Umsetzung der Chinastrategie darstellen. Dies gilt insbesondere deshalb, weil oftmals erst das lokalspezifische Wissen, die Erfahrungen sowie die persönlichen Kontakte der chinesischen Mitarbeiter der Unternehmensstrategie den richtigen lokalspezifischen Feinschliff und damit die richtige Ausgestaltung und Operationalisierung verleihen können.

Jedem, der in China arbeitet, Mitarbeiter führt oder dort Geschäfte macht, muss bewusst sein: China ist trotz allen Fortschritts der letzten Jahre und seiner modern anmutenden Mega-Citys nach wie vor ein Schwellenland und vor allem auch ein Land der krassen Gegensätze: Fortschritt versus Rückstand, Reichtum versus Armut, Stadt versus Land, Tradition versus Moderne, ostasiatisches Kulturgut versus zunehmende Verwestlichung, Kommunismus versus Kapitalismus, sich ausbreitende sexuelle Revolution und

---

[2]Zu weiterführenden Informationen hierzu vgl. Wübbecke und Conrad (2015).

Freizügigkeit versus diktatorische Strenge und althergebrachte Kulturnormen, Bescheidenheit versus unbändiger Ehrgeiz und Maßlosigkeit, enge Familienbande versus Bereitschaft zur Rücksichtslosigkeit – die Liste der Gegensätze ließe sich beliebig lang fortsetzen. Egal, welche Attribute und Beschreibungen man für dieses Land findet, an irgendeinem Ort in China trifft sicher Gegensätzliches zu. Für diese Gegensätze gibt es in der chinesischen Sprache einen eigenständigen Ausdruck („Mao Dun", wörtlich übersetzt: „Speer und Schild"), was sprachlich untermalt, wie tief gegensätzliche Pole in der chinesischen Gesellschaft verankert sind. Diese Gegensätze haben die Menschen, um deren Arbeits- und Kaufkraft westliche Unternehmen buhlen, erheblich und nachhaltig geprägt.

Den Drachen China werden nur diejenigen Unternehmen erfolgreich bändigen können, denen es gelingt, diese Gegensätze adäquat aufzugreifen, richtig zu interpretieren und in den Unternehmensentscheidungen zu berücksichtigen. Für diese Herausforderungen gilt es, herausragende Mitarbeiter zu gewinnen und zu binden sowie ihr lokalspezifisches Wissen gezielt zu nutzen.

1.2 Die unterschiedlichen Chinas

Die chinesische Gesellschaft ist äußerst divers. Dies dürfte angesichts der Größe des Landes, der Verbreitung chinesisch-stämmiger Bürger auf verschiedensten Teilen der Erde sowie der unterschiedlichen gesellschaftlichen und politischen Epochen, welche die in der Volksrepublik China lebenden Bürger in den letzten Jahrzehnten geprägt haben, nicht verwundern. Im Geschäftsleben und vor allem auch im Personalmanagement sollte daher sorgfältig analysiert und berücksichtigt werden, mit „welchem China" und mit „welcher Art von Chinesen" man es gerade zu tun hat, da Unterschiede und Gegensätze stark ausgeprägt sein können. Ein Chinese aus Shanghai hat eine ganz andere Prägung und Sozialisierung durchlaufen als ein Chinese aus Hongkong, Taiwan, Wuhan oder Chongqing. Die Bezeichnung „Chinese" umfasst grundsätzlich alle chinesisch-stämmigen Bürger. Dies gilt zunächst einmal unabhängig davon, wo sie auf der Welt leben. Jedoch sind die regionalen Unterschiede zwischen den Chinesen angesichts politischer, ideologischer und gesellschaftlicher Prägungen nicht zu unterschätzen. Und Äpfel lassen sich schließlich nicht mit Birnen vergleichen. Daher wird zunächst auf *regionale* Unterschiede zwischen Chinesen und auf die Besonderheiten der jeweiligen regionalen Vertreter eingegangen (a). Anschließend werden die unterschiedlichen *gesellschaftlichen und politischen* Epochen beleuchtet, die jeweils „unterschiedliche Chinesen" mit epochenspezifischen Charakteristika hervorgebracht haben (b).

a) *Regionale Unterschiede:* China ist ein riesiges Land, das für einige wie eine eigene Welt anmutet. Mandarin gilt als die offizielle Amtssprache, doch nach Schätzungen sprechen lediglich ca. 53 % der Bevölkerung der Volksrepublik China tatsächlich Mandarin. Die restlichen 47 % der Einwohner sprechen eine Vielzahl an regionalen

Dialekten, von denen einige zueinander nicht kompatibel sind, sodass es zu Verständigungsproblemen unter Chinesen kommen kann. Das Staatsgebiet der Volksrepublik China gliedert sich in 22 Provinzen (ohne Taiwan) sowie in weitere 5 autonome Gebiete. Die Einwohner dieser Regionen werden gemeinhin als „Festlandchinesen" bezeichnet. Mit Hongkong und Macao existieren ferner 2 Sonderverwaltungszonen, die wirtschaftlichen Sonderstatus mit besonderen Freiheitsgraden besitzen und diese auch verwirklichen. Hongkong und Macao gehören zwar bereits seit 1997 bzw. 2000 wieder zur Volksrepublik China, haben sich aber eine gewisse Eigenständigkeit bewahrt. Sie bezeichnen sich daher in der Regel auch präzise als Hongkong- bzw. Macao-Chinesen, und viele mögen es nicht, mit Festlandchinesen verwechselt zu werden. Chinesen aus Hongkong, Macao, Taiwan, Singapur oder gar Übersee-Chinesen aus chinesischen Ballungsgebieten in Nordamerika und Europa (den „Chinatowns") mit den Chinesen aus Festlandchina „in einen Topf zu werfen" und sie im Umgang mit einem „One size fist all"-Ansatz zu adressieren, könnte in einem kulturellen Fauxpas münden. Denn die kulturellen Unterschiede können sehr groß ausfallen. Im Vergleich zu Festlandchinesen sind die anderen oben genannten regionalen Vertreter stärker westlich und abendländisch geprägt. Bei der Besetzung von Positionen, insbesondere von Führungspositionen in der Volksrepublik China, ist zu beachten, dass Festlandchinesen aus der Volksrepublik China die westlich geprägten Chinesen teilweise argwöhnisch betrachten und es mitunter zu Akzeptanzproblemen kommen kann. So nennen Festlandchinesen westlich geprägte Chinesen gerne auch salopp „Bananen" und meinen damit, dass ihre äußere Hülle zwar „gelb" sei, ihr tatsächlicher Kern allerdings sei durch westliche Einflüsse längst „weiß" geprägt. Gleichwohl gibt es auch bei den Festlandchinesen große Unterschiede zwischen städtischen Ballungsräumen und ländlichen Gebieten.

Trotz aller Unterschiede, die zu einer Erhöhung der Komplexität im Umgang mit Chinesen führen und entsprechend zu berücksichtigen sind, lautet aber die gute Nachricht: Es gibt einen gemeinsamen Kern an traditionellen chinesischen Werten, Denkweisen und Normen, der wie ein kultureller roter Faden die große Mehrheit der Chinesen miteinander verbindet. Es existiert also eine relative Kontinuität übergreifend gültiger Verhaltensweisen und Werte von Chinesen. Diese werden insbesondere in Teil II des Buches näher beleuchtet. Für den individuellen Umgang mit Chinesen ist es wichtig zu wissen, aus welcher Region der Chinese stammt, mit dem man es zu tun hat, um Unterschiede entsprechend berücksichtigen zu können. Der Unterschied zur eigenen westlichen Kultur und den damit verbundenen Denk- und Verhaltensmustern dürfte dabei in der Regel umso geringer ausfallen, je stärker die jeweilige Region, beispielsweise Hongkong, Macao oder Singapur, westlich geprägt ist. In vielen Fällen wird man sogar überrascht sein, wie ähnlich Vertreter aus westlich geprägten Regionen der eigenen Kultur im Denken und Handeln sind. Bei Festlandchinesen aus der Volksrepublik China allerdings sind insbesondere bei Vertretern älterer Generationen, die zudem außerhalb der großen städtischen Ballungszentren in ihrer persönlichen Entwicklung geprägt worden sind, die mitunter großen kulturellen Unterschiede zu berücksichtigen.

1.2 Die unterschiedlichen Chinas

b) *Gesellschaftliche und politische Unterschiede:* Selbst bei Festlandchinesen der Volksrepublik China empfiehlt sich eine differenzierte Betrachtung in Abhängigkeit von der Zeit und damit der politischen Epoche, in der die Chinesen jeweils aufgewachsen sind. Wesentliche politische und wirtschaftliche Entwicklungen in der Volksrepublik China der letzten Jahre und Jahrzehnte waren teilweise extrem. Dadurch haben sich unterschiedliche Generationen an Chinesen herausgebildet. Die jeweilige Prägung wird dabei in der Zusammenarbeit deutlich und muss entsprechend berücksichtigt werden. Zur Schaffung eines Grundverständnisses zu gesellschaftlichen und politischen Unterschieden werden nachfolgend drei verschiedene Generationen an Festlandchinesen vorgestellt, die gegenwärtig am chinesischen Arbeitsmarkt zur Verfügung stehen:

- *„Die verlorene Generation":* Vertreter aus dieser Zeit haben sowohl die kommunistische Festigung der chinesischen Gesellschaft unter Mao als auch die Kulturrevolution (1966–1976) und damit eine radikale und fundamentale politische und wirtschaftliche Transformation der chinesischen Gesellschaft aktiv miterlebt. In der von Mao ausgehenden Kulturrevolution wurden die intellektuellen Gesellschaftsschichten zu „verachtungswürdigen Unterklassen" erklärt, während Arbeiter und Bauern in ihrer gesellschaftlichen Stellung gestärkt wurden. Im ganzen Land wurden Kulturgüter zerstört und die intellektuellen Gesellschaftsschichten eingeschüchtert und unterdrückt. Hunderttausende Schüler und Studenten wurden aufs Land geschickt, um bei körperlicher Arbeit von den Arbeitern und Bauern zu „lernen". Universitäten und Hochschulen blieben während der Kulturrevolution über Jahre hinweg geschlossen. In jener Zeit war China praktisch von der Außenwelt abgeschnitten. Die Kulturrevolution mit ihrem Angriff auf die intellektuellen Eliten und Gesellschaftsschichten kostete die Volksrepublik China viele Jahre der Modernisierung und des wirtschaftlichen Fortschritts. Eine bis heute spürbare Konsequenz für jene Generation, die sich während der Kulturrevolution gerade im Ausbildungsalter befunden hatte, ist die verwehrte akademische Ausbildung in jener Zeit. Ab dem Jahr 1982 brachten chinesische Hochschulen erstmals nach Ende der Kulturrevolution wieder Absolventen hervor. Ebenso blieben jener Generation westliche Einflüsse und internationale Erfahrungen weitestgehend verwehrt. Der aktuell am Arbeitsmarkt spürbare Mangel an erfahrenen Managern mit akademischer Ausbildung und internationaler Kompetenz ist zu großen Teilen auf die Nachwehen der chinesischen Kulturrevolution zurückzuführen. Ein nicht unwesentlicher Anteil der gegenwärtigen Riege der hohen Entscheidungsträger in Politik und Wirtschaft setzt sich altersbedingt aus Vertretern der „verlorenen Generation" zusammen. Es handelt sich folglich um Führungskräfte ohne akademische oder internationale Ausbildung.
- *„Die Zwischengeneration":* Die Generation der nun ca. 50- bis 45-Jährigen ist in der Zeit der zunehmenden Öffnung Chinas Richtung Westen und damit in größerer Freiheit und Offenheit aufgewachsen. Die Kulturrevolution haben diese Menschen allenfalls noch als kleines Kind erlebt. Ihnen waren der Kontakt und die

Auseinandersetzung mit westlichen Einflüssen eher erlaubt als ihren Vorgängergenerationen, wenn auch der Umgang mit westlichen Kulturelementen noch nicht als selbstverständlich wahrgenommen wird. Internationale Erfahrungen hat sich diese Generation sukzessive angeeignet und sich vorsichtig an Einflüsse und Elemente westlicher Kulturen herangetastet. Einige von ihnen haben Berufserfahrungen im Ausland gesammelt. Vertreter der „Zwischengeneration" gelten als offener und auch als selbstbewusster als ihre Vorgängergeneration. Dabei ist zu beachten, dass diese Generation dennoch nur über wenige Rollenmodelle aus ihrer Elterngeneration verfügt, die ihnen vorgelebt hat, wie man in privatwirtschaftlichen oder gar multinationalen Unternehmen erfolgreich arbeitet. In den meisten Fällen haben die Eltern in Staatsbetrieben auf Basis von planwirtschaftlichen Vorgaben gearbeitet, ohne den Markt und Kunden, insbesondere nicht auf globaler Ebene, in den Mittelpunkt der Betrachtung zu rücken. Privatwirtschaftliche und auf den globalen Markt ausgerichtete Denk- und Arbeitsweisen muss sich die „Zwischengeneration" folglich nun erst nach und nach erarbeiten und verinnerlichen.

- *„Die Generation der hungrigen Tiger":* Die Generation der unter 44-Jährigen hat deutlich stärker als ihre Vorgängergenerationen die Möglichkeit erhalten, westliche Einflüsse aufzunehmen oder gar internationale Erfahrungen zu sammeln, beispielsweise durch ein Auslandsstudium oder Reisen. Von klein auf hat diese Generation vermittelt bekommen, dass sie die Generation sein wird, die vom gewaltigen Wirtschaftswachstum Chinas profitieren kann und alle erdenkbaren individuellen Chancen hierzu nutzen sollte. Die wirtschaftliche Aufbruchsstimmung und die Suche nach neuen Chancen in China hat diese Generation von Kindesbeinen an begleitet. Daher verfügen die „hungrigen Tiger" über einen ausgeprägten Willen, am wachsenden Wohlstand Chinas zu partizipieren und erfolgreich zu sein. Die „hungrigen Tiger" gelten als deutlich selbstbewusster, ehrgeiziger und auch individualistischer als ihre Vorgängergenerationen. Diese Generation strebt danach, China an seinen angestammten Platz zurückzuführen: nach ganz oben und damit an die Weltspitze. Diesen Weg verfolgt diese Generation mit großer Strebsamkeit und dem wachsenden Selbstbewusstsein der aufstrebendsten Volkswirtschaft der Welt.

Dieser – wenn auch kurze Abriss – zu den „unterschiedlichen Chinas" soll verdeutlichen, dass es trotz eines gemeinsamen kulturellen Kerns, den alle Chinesen miteinander teilen, auch graduelle, aber spürbare Unterschiede geben kann. Daher ist es ratsam, zu Beginn einer jeden Zusammenarbeit mit Chinesen herauszufinden, welche „Art von Chinesen" aus welcher Region und Generation man vor sich hat und welche Prägungen die jeweilige persönliche Entwicklung bestimmt haben könnten. Diese Informationen erleichtern es erheblich, das eigene Verhalten besser an den individuellen Besonderheiten des chinesischen Gegenübers ausrichten zu können.

1.3 Angespannte Situation am chinesischen Arbeitsmarkt: Geeignete Mitarbeiter als zentraler Wettbewerbsvorteil

Nahezu jede empirische Studie, die in den letzten Jahren von unterschiedlichen Beratungsunternehmen, Instituten oder Außenhandelskammern zu Erfolgsfaktoren im Chinageschäft durchgeführt worden ist, kam zu dem Schluss, dass der Erfolg westlicher Unternehmen in China zu wesentlichen Teilen davon abhängt, ob es gelingt, geeignete Mitarbeiter für das Unternehmen zu akquirieren, zu motivieren und nachhaltig an das Unternehmen zu binden und damit erfolgreiches Talentmanagement durchzuführen. Erst die jüngste „Business Confidence Survey 2016" der deutschen Außenhandelskammer in China hat Personalthemen als größte Herausforderung für deutsche Unternehmen in China identifiziert, wie die Abb. 1.1 verdeutlicht:

Dass Mitarbeiter zu den zentralen Erfolgsfaktoren für den Unternehmenserfolg zählen, ist zunächst einmal kein chinaspezifischer, sondern ein global gültiger Grundsatz, der sich in den jeweiligen Personalpolitiken und Unternehmenswerten verschiedenster Unternehmen nachlesen lässt. Schließlich werden Unternehmensstrategien von Mitarbeitern entwickelt und von ihnen umgesetzt. Wer hierfür kreativ und visionär denkende

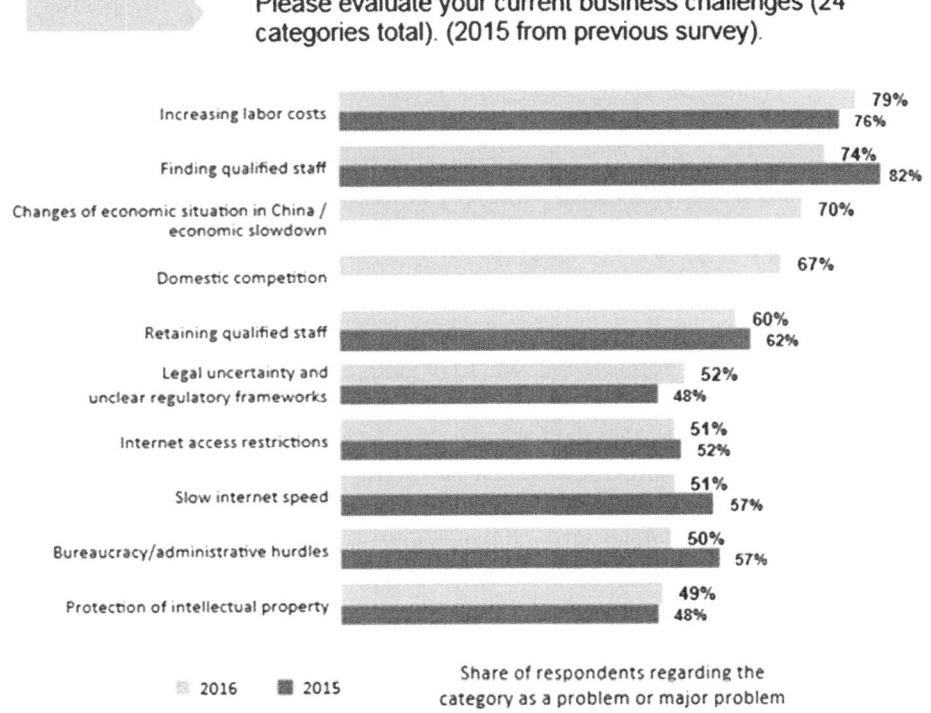

Abb. 1.1 Größte Herausforderungen für deutsche Unternehmen in China. (Quelle: AHK Business Confidence Survey 2016, S. 22)

sowie motivierte Köpfe im Unternehmen hat, ist klar im Vorteil. Dabei gilt, dass die Bedeutung von Mitarbeitern, die über herausragendes Leistungs- und Entwicklungspotenzial verfügen, umso höher ist, je dynamischer, komplexer und umkämpfter das Marktumfeld der Unternehmen ist. Gerade in China stellen qualifizierte Mitarbeiter einen zentralen Wettbewerbsvorteil dar, was im Wesentlichen auf zwei Gründe zurückzuführen ist:

- Zum einen ist China als Standort für Produktions- und Einkaufsaktivitäten sowie als Absatzmarkt so dynamisch und volatil wie kaum ein anderer Standort auf der Welt, mit einer Vielzahl von sich rasch ändernden rechtlichen und ökonomischen Rahmenbedingungen. Dies erhöht die Komplexität des Chinageschäfts und damit auch die Anforderungen an lokale Mitarbeiter, die vor Ort Entscheidungen treffen, erfolgreich agieren und sich kontinuierlich anpassen und weiterentwickeln müssen. Ferner sollten die lokalen Mitarbeiter zu einer vertrauensvollen und effektiven Zusammenarbeit mit ihren westlichen Kollegen bereit und fähig sein.
- Zum anderen herrscht ein extremes Ungleichgewicht zwischen Angebot und Nachfrage nach derartigen Mitarbeitern, die über strategisch relevante Kompetenzen verfügen und in der Lage sind, auch in dynamischen und komplexen Arbeitsumfeldern erfolgreich zu agieren. Übergreifende Trends wie die zunehmende digitale Vernetzung der Wirtschaft und Industrie 4.0, in welche China derzeit massiv Ressourcen investiert, verschärfen den Kampf um nachgefragte Talente zusätzlich. Qualifizierte Mitarbeiter sind folglich eine knappe, aber äußerst wettbewerbsrelevante Ressource.

Der chinesische Arbeitsmarkt ist sehr speziell. Für das extreme Ungleichgewicht zwischen Angebot und Nachfrage nach Talenten gibt es Gründe sowohl auf der Angebots- als auch auf der Nachfrageseite. Die Trends sind politischer und wirtschaftlicher Natur (siehe Abb. 1.2):

Auf die Angebotsseite wirken sich vier wesentliche Einflüsse aus:

- Durch die politisch verordnete und seit 1979 gültige *Ein-Kind-Politik,* nach welcher jede Familie nur noch ein Kind bekommen sollte, sind die Geburten in China spürbar gesunken. Dadurch steht dem chinesischen Arbeitsmarkt schon rein quantitativ eine sinkende Anzahl an Arbeitskräften zur Verfügung. Erst im Jahr 2015 hat die chinesische Regierung die Regelungen zur Ein-Kind-Politik gelockert, um die negativen demografischen Effekte abzumildern. Seither ist auch ein zweites Kind erlaubt. Die sich daraus ergebenden Effekte für den Arbeitsmarkt werden jedoch erst circa 20 Jahre nach der Lockerung effektiv zu spüren sein.
- Ferner weist das *chinesische Bildungssystem* trotz anhaltender Reformbemühungen und Verbesserungsmaßnahmen nach wie vor erhebliche qualitative Mängel in Bezug auf die praxisnahe Ausbildung der Absolventen auf. Dies führt dazu, dass die Profile und Erfahrungshintergründe der Hochschulabgänger in der Regel nicht den Anforderungen der Unternehmen an Berufseinsteiger entsprechen und in den Unternehmen

Angebotsseite	Nachfrageseite
• Sinkende Geburtenrate (praktizierte Ein-Kind-Politik seit 1979; aufgehoben im Jahr 2015)	• Wirtschaftswachstum (in 2016 bei ca. 7 Prozent)
• Schwächen im Bildungssystem (qualitative Mängel in den Profilen der Hochschulabgänger)	• Zunehmende Anzahl an mitarbeiterintensiven Unternehmen (insbesondere in der Dienstleistungsbranche)
• Starke Präferenz der Mitarbeiter für bestimmte Standorte (große Ballungszentren, insbesondere an der Ostküste)	• Zunehmende Anzahl an westlichen „Global Playern", die Mitarbeiter in China nachfragen
• Nachwirkungen der Kulturrevolution (Mangel an international erfahrenen Fach- und Führungskräften mit Hochschulabschluss mit + 40 Jahren)	• Zunehmende Anzahl an chinesischen Unternehmen, die Mitarbeiter ins Ausland entsenden

Abb. 1.2 Trends auf Angebots- und Nachfrageseite am chinesischen Arbeitsmarkt

durch gezielte Onboarding- und Qualifizierungsmaßnahmen hierauf eingegangen werden muss.
- Nach Umfragen unter Universitätsabsolventen besitzen 75 % eine *starke Standortpräferenz* für eines der großen, attraktiven chinesischen Ballungszentren wie Peking, Shanghai oder Guangzhou. Dies verengt das Arbeitskräfteangebot außerhalb jener Standorte.
- Ein weiterer wesentlicher Einflussfaktor sind die bereits erwähnten andauernden *Nachwirkungen der chinesischen Kulturrevolution* (1966–1976), durch welche nahezu eine ganze Generation an Universitätsabgängern fehlt.

Diesen Einflussfaktoren auf der Angebotsseite stehen wesentliche Treiber auf der Nachfrageseite am chinesischen Arbeitsmarkt gegenüber:

- Das *rasante Wirtschaftswachstum* Chinas erhöht die Nachfrage der lokalen Unternehmen nach geeigneten Mitarbeitern. Dies gilt sowohl für private als auch für staatliche chinesische Unternehmen sowie den chinesischen Regierungs- und Verwaltungsapparat, die sich allesamt um qualifizierte Mitarbeiter bemühen.
- Darüber hinaus steigt die *Anzahl an mitarbeiterintensiven Unternehmen* in China, insbesondere in Chinas wachsender Dienstleistungsbranche.
- Ferner tummelt sich eine wachsende *Anzahl an westlichen „Global Playern" und multinationalen Unternehmen* am chinesischen Arbeitsmarkt, die qualifizierte Mitarbeiter im Rahmen ihrer Marktwachstums-, Einkaufs- und Produktionsstrategien benötigen. Jene Unternehmen konkurrieren am chinesischen Arbeitsmarkt mit den chinesischen Unternehmen sowie dem Regierungs- und Verwaltungsapparat um qualifizierte Mitarbeiter und insbesondere Führungskräfte.

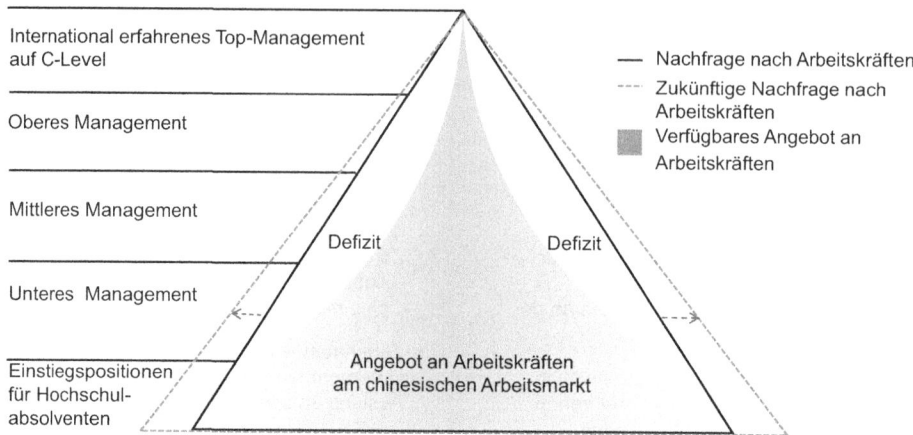

Abb. 1.3 Ausgeprägter Mangel an Führungskräften am chinesischen Arbeitsmarkt

- Ein weiterer Treiber auf die wachsende Nachfrage nach Arbeitskräften liegt auch darin begründet, dass chinesische Unternehmen im Rahmen ihrer Internationalisierungsbemühungen verstärkt dazu übergehen, *chinesische Mitarbeiter ins Ausland* zu entsenden. Dieser Trend wird durch die in letzter Zeit getätigten Übernahmen westlicher Unternehmen durch chinesische Investoren weiter verstärkt. Jene chinesischen Mitarbeiter sind damit für die Dauer ihres Auslandseinsatzes am chinesischen Arbeitsmarkt nicht verfügbar.

Stellt man nun die Treiber der Angebots- und der Nachfrageseite am chinesischen Arbeitsmarkt einander gegenüber, wird deutlich, warum schon allein in *quantitativer* Hinsicht die Schere zwischen Angebot und Nachfrage nach Arbeitskräften weit auseinanderklafft. Allerdings lohnt sich ergänzend ein differenzierter Blick auf *qualitative* Aspekte von Angebot und Nachfrage am chinesischen Arbeitsmarkt. Denn das Angebot an Arbeitskräften ist nicht über die verschiedenen Berufserfahrungsebenen gleich verteilt. Abb. 1.3 bietet hierzu einen differenzierten Überblick:

Betrachtet man zunächst die Basis der Pyramide, wird deutlich, dass rein quantitativ das Angebot an Kandidaten für Einstiegspositionen die Nachfrage der Unternehmen nach Arbeitskräften übersteigt. Viele Hochschulabsolventen in China, vor allem diejenigen, die an unbekannten Hochschulen studiert haben, finden nach Abschluss ihres Studiums zunächst keinen Arbeitsplatz. Hier zeigt sich die Schwäche des chinesischen Bildungssystems hinsichtlich einer bedarfs- und praxisorientierten Ausbildung besonders stark. Die daraus resultierende Arbeitslosigkeit wird als großes Problem in China empfunden, das zu gesellschaftlichem Unmut bei den betroffenen jungen Menschen führt.[3] Denn

---

[3]Die chinesische Regierung hat daher 2017 angekündigt, diesem Problem durch die Schaffung von elf Millionen neuen Jobs zu begegnen und die offizielle Arbeitslosenquote unter 4,5 % zu halten. Allerdings ist die Arbeitslosenquote in ländlichen Regionen deutlich höher.

insbesondere westliche Arbeitgeber stellen immer wieder fest, dass nur ein Bruchteil der Hochschulabsolventen die Anforderungen für den Einstieg in die Praxis tatsächlich erfüllt, sodass es um geeignete, praxisgerecht ausgebildete Kandidaten für Einstiegspositionen durchaus zu einem intensiven Wettbewerb kommt. Je mehr Berufserfahrung für steigende Hierarchiestufen im Management benötigt wird, desto größer wird das Angebotsdefizit und desto intensiver wird der Wettbewerb um geeignete Kandidaten. Der härteste Wettbewerb besteht um erfahrene chinesische Führungskräfte, an welche die Anforderungen hinsichtlich Komplexität, Verständnis von Gesamt- und Wirkungszusammenhängen, Kommunikationsstärke und strategischer Orientierung besonders hoch sind.

Dieser Wettbewerb erfährt dabei noch eine Steigerung, wenn international erfahrene Führungskräfte benötigt werden. Schätzungen zufolge können Auslandsunternehmen in China bis zu einem Drittel ihrer Managementpositionen nicht dauerhaft mit geeigneten chinesischen Kandidaten besetzen oder haben es besonders in diesem Segment mit einer ausgeprägten Fluktuation zu tun. Dies stellt ein erhebliches Risiko für die nachhaltige Umsetzung von strategischen Zielen in China dar.

Für die weitere Zukunft wird prognostiziert, dass es in qualifizierten Mitarbeitersegmenten kaum zu einer Entspannung am Arbeitsmarkt kommen wird. Angesichts der dargestellten Situation am chinesischen Arbeitsmarkt ist es daher empfehlenswert, dass Talentmanagement in China als ein fortlaufendes Topthema auf die Agenda des Topmanagements von Unternehmen gesetzt wird.

Talente – damit sind im Kontext diesen Buches hoch qualifizierte Arbeitskräfte gemeint, die aufgrund ihrer Kompetenzen und ihres Leistungs- und Entwicklungspotenzials den Anforderungen lokaler und ausländischer Unternehmen entsprechen – können in der Regel aus einer Vielzahl an Angeboten auswählen. Jene Talente bringen oftmals aber auch eine hohe Bereitschaft mit, ihren Arbeitgeber für ein attraktiver erscheinendes Angebot wieder zu wechseln. In kaum einer Volkswirtschaft ist „Job-Hopping", also das regelmäßige und schnelle Wechseln von Arbeitgebern, so verbreitet und gleichzeitig gesellschaftlich so anerkannt wie in China. Nicht selten berichten chinesische Talente mit Stolz und einem reputationsorientierten Sammelinstinkt, wie viele Arbeitgeber – insbesondere multinationale mit großen Namen – sie bereits in ihrem Lebenslauf auflisten können.

Fasst man diese Erkenntnisse zusammen, lassen sich folgende Schlüsse für die strategische Bedeutung des Talentmanagements in China ableiten:

- Diejenigen Unternehmen, denen es gelingt, den Wettbewerb um geeignete Mitarbeiter zu gewinnen, werden es entschieden leichter haben, geeignete Strategien für das Chinageschäft zu entwickeln und erfolgreich umzusetzen.
- Hingegen werden es Unternehmen, denen ein Mitarbeiterengpass droht, weil sie nicht in ausreichendem Maße qualifizierte Mitarbeiter für sich gewinnen können, schwer haben, ihre Ziele am chinesischen Markt zu erreichen. Der Mangel an qualifizierten Arbeitskräften führt dann zu einem spürbaren Wettbewerbsnachteil.

- Auch diejenigen Unternehmen, die Mitarbeiter zwar gewinnen, jedoch nicht an das Unternehmen binden können, gehen ein erhöhtes Risiko ein. Denn mit jedem Mitarbeiterwechsel geht ein Verlust an Kompetenzen, Erfahrungen und unternehmensspezifischem Know-how oder gar Unternehmensgeheimnissen einher. Zusätzlich entstehen Kosten für die Neurekrutierung und Einarbeitung neuer Mitarbeiter. Auch daraus resultiert längerfristig ein Wettbewerbsnachteil.

Westliche Unternehmen sind daher gut beraten, in *nachhaltige* Lösungsansätze für ihr Talentmanagement in China zu investieren.

1.4 Bedeutung von nachhaltigen Lösungsansätzen für das Talentmanagement in China

McKinsey prägte bereits im Jahr 1998 den Begriff „War for Talents", der bis heute den Kampf um die besten Talente in bestimmten Arbeitsmarktsegmenten beschreibt, in denen die Nachfrage wesentlich höher ist als das verfügbare Angebot. Der Begriff „War for Talents" klingt kriegerisch und damit nach hartem, intensivem Wettbewerb. Ein solcher Wettbewerb um die besten Talente besteht am chinesischen Arbeitsmarkt in ausgeprägter Form, wenn man von qualifizierten Mitarbeitern mit nachgefragten Kompetenzen spricht. Das gezielte Abwerben von Kompetenzträgern ist bereits bei vielen Unternehmen ein integraler Bestandteil der Rekrutierungsstrategie. Häufig existieren in China gezielte „Abwerbelisten", auf denen Namen von Mitarbeitern von anderen Unternehmen, insbesondere Wettbewerbern und Zulieferern, stehen, die für das eigene Unternehmen gewonnen werden sollten. Diese „Abwerbelisten" werden an Headhunter sowie an gut vernetzte Mitarbeiter kommuniziert, mit dem Auftrag, die entsprechenden Personen anzusprechen und von einem Arbeitgeberwechsel zu überzeugen. In umkämpften Arbeitsmärkten wie China reicht es daher nicht aus, mit starken Produktmarken zu glänzen und über diesen Bekanntheitsgrad darauf zu hoffen, dadurch ausreichend viele qualifizierte Bewerber rekrutieren zu können. Natürlich sind internationale Produktmarken wie Apple, Microsoft, BMW, Volkswagen oder Daimler in China sehr bekannt. Doch ebenso müssen diese Unternehmen zusätzlich zu diesen Produktmarken auch in starke Arbeitgebermarken und damit in ihre „Employer Brand" investieren.

„The best media for effective and efficient employer branding are satisfied and proud employees who live the employer brand from inside", so brachte es eine chinesische Personalleiterin eines deutschen DAX-30-Konzerns auf den Punkt.

Um als Unternehmen nicht nur im Sinne eines kurzfristigen „Feuerlöschens" auf Personalengpässe zu reagieren, sondern es zu schaffen, geeignetes Personal in China nachhaltig für das eigene Unternehmen gewinnen und binden zu können, muss ein grundlegendes Verständnis für nachhaltige Lösungsansätze und deren Implikationen vorliegen.

1.4 Bedeutung von nachhaltigen Lösungsansätzen …

Doch was ist überhaupt unter „nachhaltigen Lösungsansätzen" zu verstehen? Ursprünglich stammt der Begriff Nachhaltigkeit aus der Forstwirtschaft und beschreibt das Prinzip, nicht mehr Bäume abzuholzen, als nachwachsen können. Dahinter verbirgt sich der Gedanke, bei Entscheidungen nicht nur kurzfristige Lösungen im Auge zu haben, sondern ergänzend die langfristigen Auswirkungen von Entscheidungen mitzuberücksichtigen. Unter nachhaltigen Lösungsansätzen wird in diesem Buch verstanden, dass *langfristig überdauernde Wege* im Personalmanagement gewählt werden, die dazu geeignet sind, *dauerhaft positive Beiträge für den Geschäftserfolg* in China zu leisten, die über die Lösung kurzfristiger Herausforderungen weit hinausgehen. Nicht nur kurzfristige Ziele, sondern die Berücksichtigung der Auswirkungen von Entscheidungen auf mittel- und langfristige Konsequenzen im Sinne eines langfristigen Optimums für das Unternehmen stehen im Fokus der Betrachtung und Entscheidungsfindung.

Diejenigen Unternehmen, die ihre Strategie für China langfristig ausrichten und als integralen Bestandteil ihrer langfristigen Unternehmensstrategie sehen, sind gut beraten, auch ihre Personalarbeit und ihr Talentmanagement in China an nachhaltigen Lösungsansätzen auszurichten. Denn gerade in China bewegen sich Unternehmen angesichts der spezifischen Herausforderungen des chinesischen Arbeitsmarkts sehr oft in einem Spannungsfeld aus kurzfristigen und langfristigen Zielen der Personalarbeit.

Hierzu ein konkretes Beispiel: Wie bereits angesprochen, stellt China im Segment der qualifizierten Arbeitskräfte einen sogenannten „Arbeitnehmermarkt" dar, d. h. qualifizierte Mitarbeiter und insbesondere Führungskräfte können sich aussuchen, bei welchem Arbeitgeber sie arbeiten möchten. Mit großem Aufwand akquirierte und ausgebildete chinesische Mitarbeiter werden gezielt und oftmals hemmungslos von der Konkurrenz oder anderen Unternehmen abgeworben. Um Mitarbeiter an das eigene Unternehmen zu binden, reagieren Arbeitgeber weit verbreitet mit kontinuierlich steigenden Gehältern, Bonuszahlungen, noch schnelleren Aufstiegsmöglichkeiten und der Gewährung von neuen Titeln. Es gibt Fälle, in denen westliche Unternehmen das Gehalt von ranghohen chinesischen Führungskräften verdreifacht haben, nachdem jene ihren Wechsel zu einem anderen Unternehmen aufgrund einer erheblichen Gehaltssteigerung angekündigt hatten. Experten sprechen inzwischen von einer riskanten Spirale der „Gehalts- und Titelinflation". Derartig kurzfristig ausgerichtete Lösungsansätze sind nachvollziehbar, verschaffen sie doch zunächst einmal eine unmittelbare Linderung der drohenden Personalprobleme. Aber diese Lösung ist nur so lange erfolgreich, solange kein alternativer Arbeitgeber mit einem erneut höheren Angebot lockt und die Aufwärtsspirale der Anreize die nächste Ebene erreicht. Darüber hinaus bergen enorme Gehaltssteigerungen zur Bindung von wechselbereiten Talenten die Gefahr in sich, dass Arbeitgeber ihr internes Gehaltsgefüge in Schieflage bringen – mit entsprechenden Folgeproblemen. Gleiches gilt für die Gewährung von gewichtigen neuen Titeln. Mit anderen Worten mögen derartige Losungen zwar kurzfristig Personalprobleme lösen, sie setzen aber nicht an der Wurzel des Problems an. Denn die Anreize sind

- zum einen recht *leicht* und
- zum anderen auch recht *kurzfristig*

von anderen Unternehmen zu imitieren.

Die Unternehmen, die langfristig den Kampf um die besten Köpfe und damit den „War for Talents" am chinesischen Arbeitsmarkt gewinnen möchten, müssen einen weitaus nachhaltigeren Ansatz verfolgen. Dies kann gelingen, indem ein grundlegender Paradigmenwechsel vollzogen wird, der ein neues Verständnis von umkämpften Talenten und dem Umgang mit ihnen nach sich zieht. Nach dem ursprünglichen Paradigma, dem die meisten Arbeitgeber folgen, wird für den Umgang mit Talenten ein „Inside-out"-Ansatz gewählt. Demnach orientieren sich Arbeitgeber an den vorhandenen internen Gegebenheiten wie beispielsweise der Unternehmenskultur, der Vergütungsstruktur oder den Entwicklungsmöglichkeiten. Auf dieser Basis unterbreiten sie Talenten dann entsprechende Angebote für den Einstieg in das Unternehmen nach der Devise: „Friss oder stirb!".

Im Gegensatz zu diesem ursprünglichen Paradigma liegt ein alternativer Ansatz in einer stärkeren „Outside-in"-Orientierung, welche die Wahrscheinlichkeit für Arbeitgeber, den „War for Talents" am äußerst umkämpften Arbeitsmarkt in China nachhaltig für sich zu entscheiden, deutlich erhöht. Ein solcher Ansatz wird nachfolgend detailliert beschrieben.

1.5 Den „War for Talents" auf dem chinesischen Arbeitsmarkt gewinnen: Talente als „Kunden" begreifen

Eine stärkere „Outside-in"-Orientierung kann erzielt werden, indem dem strategischen Talentmanagement ein „Kundenverständnis" als Leitmotiv zugrunde gelegt wird. Demnach werden Talente als „Kunden" begriffen, deren Bedürfnisse vom Arbeitgeber verstanden werden müssen. Dies gilt sowohl für Talente, die der Arbeitgeber zukünftig vom externen Arbeitsmarkt akquirieren möchte, als auch für Talente, die bereits im Unternehmen beschäftigt sind und längerfristig gebunden werden sollen. Was zunächst etwas verwirrend erscheinen mag, lässt sich gut begründen. Denn der Vergleich von Talenten mit Kunden bietet sich deshalb an, weil sich Talente am chinesischen Arbeitsmarkt ähnlich wie anspruchsvolle Kunden verhalten, die aus verschiedenen Angeboten auswählen können. Jene Talente vergleichen kontinuierlich verschiedene Angebote, die sie von alternativen Arbeitgebern erhalten. Sie wählen jene Angebote aus, die ihrer Bedürfnisstruktur am nächsten kommen und ferner das beste Verhältnis aus Leistung- und Gegenleistung anbieten.

Ein Beispiel soll dies veranschaulichen: Wei Zhang, ein hoch qualifizierter chinesischer Ingenieur aus Shanghai mit deutschem Universitätsabschluss in Maschinenbau und sehr guten Deutschkenntnissen, ist das, was Arbeitgeber sich unter einem chinesischen Toptalent vorstellen: hoch motiviert, leistungsorientiert, selbstbewusst, international erfahren und wissbegierig. Derartige Toptalente in China sind rar. Wei Zhang hat vielfältige Bedürfnisse hinsichtlich seiner Arbeit. Er möchte sich kontinuierlich weiterbilden und eine möglichst steile Lernkurve realisieren. Ferner würde er gerne seine Deutschkenntnisse weiter ausbauen und im Idealfall nochmals einige Jahre in Deutschland arbeiten. Wei Zhang ist sehr ehrgeizig und wünscht sich, in den nächsten Jahren ein eigenes Team führen zu können und damit Führungsverantwortung zu übernehmen. Auf diese weiterführende Aufgabe würde er gerne durch entsprechende Trainings- und Qualifizierungsmaßnahmen durch seinen Arbeitgeber vorbereitet werden. Wei Zhang erhält in regelmäßigen Abständen von mehreren Unternehmen aus dem Großraum Shanghai Job-Angebote. Es ist nachvollziehbar, dass er denjenigen Arbeitgeber auswählen wird, der mit seinem Angebot seiner Bedürfnisstruktur am nächsten kommt und entsprechende Entwicklungsperspektiven eröffnet.

Arbeitgeber, die eine Kundenorientierung als Leitmotiv für ihr Talentmanagement verankern, gehen wie folgt vor:

- Sie identifizieren in regelmäßigen Abständen ihre Zielgruppen und führen Befragungen durch, um die jeweilgen Bedürfnisse zu verstehen.
- Sie überprüfen anschließend vorhandene unternehmensinterne Gegebenheiten wie beispielsweise ihre Unternehmens- und Führungskultur, ihre Vergütungsstruktur oder Entwicklungs- und Qualifizierungsmöglichkeiten hinsichtlich ihrer Eignung, die Bedürfnisse der relevanten Zielgruppen zu befriedigen. Die Analyse schließt auch die Aktivitäten und Angebote der Wettbewerber mit ein, die um die gleichen Zielgruppen als Arbeitgeber konkurrieren.
- Bei Abweichungen zwischen unternehmensinternen Gegebenheiten und Bedürfnissen der Zielgruppe wird gegebenenfalls eine Anpassung herbeigeführt. Dies kann beispielsweise eine Anpassung der Vergütungsstruktur sein.
- Diese Überprüfung und die anschließende Anpassung stellt dabei keinen einmaligen Prozess vor der Einstellung neuer Mitarbeiter dar, sondern vielmehr einen kontinuierlichen Prozess, der auch die Bedürfnisse der vorhandenen internen Talente einbezieht. Mit anderen Worten: Es werden auch die Bedürfnisse der internen Talente regelmäßig erhoben und evaluiert, um eine „kundenorientierte" Anpassung der Angebote des Arbeitgebers an seine Mitarbeiter durchführen zu können.

Arbeitgeber können bei der Umsetzung eines kundenorientierten Talentmanagement-Ansatzes auf Erkenntnisse sowie Methoden zurückgreifen, die aus dem klassischen Marketing, der Marktforschung und dem Kundenbeziehungsmanagement bekannt sind. So gehen Arbeitgeber am Arbeitsmarkt analog wie bei der Marktbearbeitung von umkämpften Kundensegmenten vor. Sie setzen sich mit den grundlegenden und überdauernden Werten, Bedürfnissen und Entwicklungserwartungen ihrer zukünftigen und bestehenden Mitarbeiter auseinander. Nicht nur monetäre Anreize, sondern auch der nachhaltige Beziehungs- und Vertrauensaufbau zwischen Unternehmen und Mitarbeitern stehen im

Vordergrund und damit verbunden die dauerhafte Förderung von Engagement, Identifikation und Leistungsbereitschaft. Dies ist insbesondere in einer beziehungsorientierten Kultur wie der chinesischen von besonderer Relevanz.[4]

Ein solcher „Outside-in"-Ansatz bedeutet zwar einen gewissen Aufwand für die Arbeitgeber, der sich jedoch nachhaltig in Hinblick auf die Akquise und Bindung von Talenten positiv auswirken wird. Diese Grundphilosophie liegt den Erläuterungen in den Teilen I und II dieses Buches zugrunde.

---

[4]Vgl. hierzu die weiterführenden Ausführungen zur Personalführung in Teil II dieses Buches.

Teil I
Strategisches Talentmanagement in China

Warum schaffen es einige Unternehmen, ihre ehrgeizigen strategischen Ziele für China zu verwirklichen, während andere in China scheitern oder hinter ihren Zielen zurückbleiben? In vielen Fällen liegen die Ursachen für Erfolg bzw. Misserfolg von Unternehmen in China in der Verfügbarkeit geeigneter Talente begründet. Die Schaffung von Rahmenbedingungen und einer Unternehmenskultur, in welcher dem Talentmanagement eine große Bedeutung beigemessen wird, ist einer der zentralen Schlüssel dafür, in China nachhaltig erfolgreich zu sein.

Die übergeordnete Zielsetzung eines strategischen Talentmanagements besteht darin, die Unternehmensziele und die Unternehmensentwicklung durch die Bereitstellung der richtigen Kompetenzen zum richtigen Zeitpunkt nachhaltig zu unterstützen. Dies klingt zunächst einfach, ist allerdings nicht immer ein leichtes Unterfangen. Denn chinesische Talente werden – wie bereits dargestellt – in der Regel von mehreren Arbeitgebern umworben und erhalten alternative Arbeitsplatzangebote, aus denen sie auswählen können. Vor diesem Hintergrund bedarf es besonderer Anstrengungen der Arbeitgeber in China, jene Talente für sich zu gewinnen, sie zu entwickeln und nachhaltig an das Unternehmen zu binden.

Aus welchen Elementen besteht nun ein strategisches Talentmanagement, das Unternehmen dazu befähigt, den „War for Talents" am chinesischen Arbeitsmarkt für sich zu entscheiden? Und was bildet die Basis für die Umsetzung eines erfolgreichen Talentmanagements? Einen Überblick hierzu liefert die nachfolgende **Abbildung:**

Zu einem strategischen Talentmanagement zählen die Aufgaben, Talente

- zu akquirieren,
- zu entwickeln und zu fördern und
- an das Unternehmen zu binden.

Die Basis für ein erfolgreiches Talentmanagement bildet die *Personalführung*, die das Bindeglied zwischen den einzelnen Elementen des Talentmanagements darstellt.

```
┌─────────────────────────────────────────────────────────┐
│              Strategisches Talentmanagement             │
└─────────────────────────────────────────────────────────┘
         ▼                    ▼                    ▼
    Akquirieren         Entwickeln/              Binden
                          Fördern
```

Akquirieren	Entwickeln/Fördern	Binden
Ableitung strategischer Kompetenzbedarfe, Positionierung als attraktiver Arbeitgeber und Akquise geeigneter Mitarbeiter	Gezieltes Weiterentwickeln und Qualifizieren der Mitarbeitern	Gezieltes Binden und Motivieren der Mitarbeiter, spezifische Maßnahmen für herausragende Leistungs- und Potenzialträger

Personalführung (Basis für ein erfolgreiches Talentmanagement)

Elemente eines strategischen Talentmanagements

Diese Aufgabenfelder sind von Arbeitgebern so auszugestalten, dass sie sich stimmig zueinander ergänzen und möglichst synergetisch ineinandergreifen. Hierzu ein paar konkrete Beispiele:

- Ein Arbeitgeber, der zwar durch intensives Personalmarketing stark im Akquirieren von neuen Mitarbeitern ist, jedoch nicht aktiv Maßnahmen ergreift, um geeignete Entwicklungsperspektiven für chinesische Mitarbeiter zu schaffen und aufzuzeigen, wird es mit hoher Wahrscheinlichkeit schwer haben, sich nachhaltig als attraktiver Arbeitgeber in China zu positionieren und die besten Mitarbeiter für sich gewinnen zu können.
- Ebenso wird ein Arbeitgeber mit erheblichen Mängeln in der Personalführung Probleme haben, die besten Mitarbeiter nachhaltig an das Unternehmen binden zu können. Dies gilt insbesondere in einem Land wie China, in welchem einer kultur- und situationsadäquaten Personalführung und dem Aufbau von vertrauensvollen Arbeitsbeziehungen zwischen Führungskraft und Mitarbeitern ein erheblicher Stellenwert bei der Loyalisierung von Mitarbeitern zukommt.
- Ein Arbeitgeber hingegen, der akquirierte Mitarbeiter in ihren Bedürfnissen und Potenzial versteht und darauf aufbauende Entwicklungsschritte mit flankierenden Qualifizierungsbausteinen anbietet sowie in Führungskräfte investiert, die vertrauensvolle und belastbare Arbeitsbeziehungen zu ihren Mitarbeitern aufbauen, wird mit großer Wahrscheinlichkeit einen höheren Grad der Mitarbeiterbindung erreichen können.

Nachfolgend werden zunächst die einzelnen Elemente des dargestellten Talentmanagement-Ansatzes detailliert und in ihren Wechselwirkungen erläutert. Im anschließenden Teil II wird dezidiert auf die Personalführung in China als Grundlage des strategischen Talentmanagements und insbesondere auf kulturelle Besonderheiten der Führung eingegangen.

Geeignete Mitarbeiter in China akquirieren (Attract) 2

Zusammenfassung

Geeignete Mitarbeiter in China zu akquirieren, ist eine wichtige, aber auch komplexe Aufgabe. Denn der chinesische Arbeitsmarkt ist in bestimmten Segmenten nicht nur sehr umkämpft, sondern auch hochdynamisch mit sich kontinuierlich wandelnden Rahmenbedingungen und Wettbewerbsaktivitäten. Arbeitgeber stehen dadurch vor besonderen Herausforderungen, die schrittweise bearbeitet werden müssen. Dies beginnt mit „internen Hausaufgaben", indem zunächst erhoben werden muss, welche Mitarbeiter in qualitativer und quantitativer Hinsicht benötigt werden. Mit anderen Worten müssen die strategischen Kompetenzbedarfe für China systematisch aus der Unternehmensstrategie abgeleitet werden, um die Mitarbeiterakquise zielorientiert gestalten zu können Dies schafft auch die Grundlage für die aktive Positionierung als attraktiver Arbeitgeber für die relevanten Zielgruppen in China und für die darauf aufbauende Entwicklung einer starken Arbeitgebermarke (Employer-Brand). Der Aufbau einer starken Employer-Brand in China ist insbesondere für westliche Unternehmen relevant, die dort bislang kaum als attraktiver Arbeitgeber bekannt sind Darauf aufbauend ist ein geeignetes Portfolio an zielgruppenspezifischen Recruiting-Kanälen zu entwickeln und zu nutzen, um möglichst effektiv und effizient die gesuchten Zielgruppen adressieren zu können Dabei sind die für China typischen Recruiting-Risiken in China zu beachten Zudem kommt auf westliche Unternehmen die Aufgabe zu, zu eruieren, wie viele Mitarbeiter aus der Unternehmenszentrale (Expatriates) nach China zu entsenden sind und in welchem Maße Fach- und Führungsfunktionen durch lokale chinesische Mitarbeiter besetzt werden sollten. Dies umfasst nicht nur strategische, sondern auch unternehmenspolitische Überlegungen.

2.1 Ableitung strategischer Kompetenzbedarfe für China aus der Unternehmensstrategie

> Für ein Segelschiff, das seinen Hafen nicht kennt, gibt es keinen günstigen Wind (Chinesische Volksweisheit).

Um die unterschiedlichen Elemente des strategischen Talentmanagements zielorientiert gestalten zu können, müssen Unternehmen ableiten, wie sich ihre Chinastrategie qualitativ und quantitativ auf den Personalbedarf auswirkt. Bezug nehmend auf das oben genannte Sprichwort ist zunächst der „Hafen" in Form der benötigten Kompetenzen zu definieren. Dies ermöglicht es, das Talentmanagement in die richtige Richtung zu lenken und eine „Irrfahrt" oder anstrengende „Umwege" zu vermeiden.

Eine solche Ableitung der Kompetenzbedarfe ist keine leichte Aufgabe, da das chinesische Marktumfeld hochdynamisch und oftmals nicht nur kurzfristigen, sondern auch drastischen Veränderungen unterworfen ist. Empfehlenswert ist, den künftigen quantitativen und qualitativen Personalbedarf für China systematisch auf der Basis verschiedener Entwicklungsszenarien abzuleiten. Damit kann der hohen Dynamik in China am besten Rechnung getragen werden. Ist der Personalbedarf in seiner Soll-Ausprägung erhoben, kann der Abgleich der verschiedenen Bedarfsszenarien mit dem verfügbaren Angebot an internen Arbeitskräften erfolgen und Maßnahmen zur Schließung der Soll-Ist-Lücke können dann definiert werden.

Ein solch analytisches Vorgehen ermöglicht es, auf der Grundlage unterschiedlicher Entwicklungsszenarien schon frühzeitig ableiten zu können, welche Anzahl an Mitarbeitern für China mit welchen Kompetenzen kurz-, mittel- und langfristig benötigt wird. Diese Informationen sind so frühzeitig wie möglich zu erheben, da eine Reihe von Maßnahmen im Talentmanagement, beispielsweise die Entwicklung von strategischen Hochschulkooperationen zur frühzeitigen Bindung von Absolventen oder der gezielte Aufbau einer attraktiven Arbeitgebermarke in China, einer entsprechenden Aufbauzeit bedürfen.

Die Ableitung chinesischer Kompetenzbedarfe muss gerade im schnelllebigen chinesischen Marktumfeld im Rahmen eines kontinuierlichen Prozesses erfolgen. Dabei bietet es sich an, die Kompetenzbedarfe unterschiedlicher Unternehmensbereiche und -funktionen in einem konsolidierten Überblick zusammenzuführen. Nur so kann Transparenz über den benötigten qualitativen und quantitativen Personalbedarf auf Gesamtunternehmensebene in China geschaffen werden. Auf dieser Basis kann ein gesamtunternehmerischer Ansatz entworfen werden, wie der Personalbedarf zur Schließung der identifizierten Soll-Ist-Lücke zu decken ist. Suboptimale bereichs- oder funktionsspezifische „Insellösungen" oder „Alleingänge" können damit vermieden werden.

Es reicht bei Weitem nicht aus, für die Beschreibung der Kompetenzbedarfe in China bestehende Anforderungsprofile für Fach- und Führungsfunktionen aus der Unternehmenszentrale zu verwenden, ohne eine lokalspezifische Überprüfung und gegebenenfalls Spezialisierung vorzunehmen. Denn gerade das hochdynamische, von Unsicherheit geprägte Marktumfeld in China verlangt den Mitarbeitern und Führungskräften oftmals spezifische Kompetenzen ab. Auf den Führungsebenen kommen zudem oftmals Anforderungen hinsichtlich persönlicher Kontakte zu lokalen Entscheidungsträgern und Institutionen hinzu. Diese Unterschiede in den Kompetenzbedarfen sollen anhand nachfolgender Beispiele verdeutlicht werden.

- An einen erfolgreichen Vertriebsmitarbeiter in Deutschland werden andere Anforderungen als an einen erfolgreichen Vertriebsmitarbeiter in China gestellt, da sich die Vertriebs-, Wettbewerbs- und Kundenstrukturen sowie Gepflogenheiten bei Geschäftsanbahnungen und in der Kundenbetreuung in beiden Ländern teils erheblich voneinander unterscheiden.
- Auch an eine disziplinarische Führungskraft mit Führungsverantwortung für ein Team in Deutschland werden andere Anforderungen gestellt als an eine disziplinarische Führungskraft in China. Denn in China existieren andersartige Erwartungen an eine Führungskraft als im Westen. Führungskräfte in China müssen beispielsweise eine ausgeprägte Fürsorgerrolle einnehmen und sich auch im Privaten für ihre Mitarbeiter engagieren.[1]

Daher muss bei der qualitativen Erhebung der Kompetenzbedarfe auch immer eine landesspezifische Überprüfung und Anpassung von Anforderungsprofilen vorgenommen und diejenigen Kompetenzen identifiziert werden, die insbesondere in China erfolgskritisch sind. So muss bei der Ableitung der strategischen Kompetenzbedarfe eine äußerst enge Abstimmung zwischen zentralem und lokalem Personalwesen sowie den jeweiligen zentralen und lokalen Fachstellen erfolgen. Diese Beteiligten müssen gemeinsam ein Bild über die erforderlichen Kompetenzen für China entwickeln und ihre jeweiligen Sichtweisen einbringen.

Zu beachten ist bei der Ableitung strategischer Kompetenzbedarfe für China auch, dass für die Umsetzung einer Chinastrategie nicht nur Mitarbeiter mit entsprechenden Qualifikationen vor Ort in China benötigt werden. Auch in der westlichen Unternehmenszentrale sind in den Zentralfunktionen und insbesondere auf neuralgischen Positionen mit weitreichenden Entscheidungskompetenzen Mitarbeiter einzusetzen, die über ein profundes Verständnis für den chinesischen Markt und Standort verfügen. Auch ist eine Sensibilisierung für die chinesische Kultur empfehlenswert. Diese Mitarbeiter sind oftmals für die „Übersetzungsarbeit" zwischen westlicher Unternehmenszentrale und dem lokalen Standort China zuständig und sollten eine entsprechende Qualifizierung durchlaufen haben.

---

[1]Vgl. hierzu Teil II dieses Buches.

2.2 Entwicklung einer starken Employer-Brand für China und gezieltes Reputationsmanagement als Arbeitgeber

Beim Wettbewerb um qualifizierte Mitarbeiter ist es für Unternehmen in China unbedingt erforderlich, aktiv die Positionierung als attraktiver Arbeitgeber in China voranzutreiben und damit ein zielgerichtetes „Employer-Branding" zu betreiben. Denn attraktive Arbeitgeber haben es wesentlich einfacher, geeignete Mitarbeiter in China zu rekrutieren und zu binden. Bei einer Umfrage unter 7000 chinesischen Studenten, die vom deutschen trendence Institut im Jahr 2014 befragt worden sind, landeten drei westliche multinationale Unternehmen in den Top 10 der beliebtesten Arbeitgeber Chinas: Apple (Platz 2), Google (Platz 9) und Microsoft (Platz 10). Als attraktivste deutsche Arbeitgeber in China landeten die Unternehmen Volkswagen auf Platz 18 und BMW Group auf Platz 22.[2] Jene Arbeitgeber haben es durch zielgerichtete und lokal angepasste Employer-Branding-Aktivitäten geschafft, sich in China als äußerst attraktiver Arbeitgeber zu positionieren – mit entsprechenden Auswirkungen auf eingehende Bewerberzahlen.

Zielgerichtetes Employer-Branding bedeutet, die Arbeitgebermarke in der Wahrnehmung der relevanten Zielgruppen mit attraktiven Attributen, wie beispielsweise „erfolgreich", „innovativ", „fair", „karrierefördernd" oder „weltoffen", zu verbinden. Damit ist das Ziel verbunden, das eigene Arbeitgeberimage positiv zu beeinflussen und in zielgerichteter und auch unternehmensspezifischer Form zu prägen. Mit anderen Worten wird beim Employer-Branding die umfassende, extern wie intern wirksame Positionierung als attraktive, unverwechselbare, glaubwürdige Arbeitgebermarke anvisiert. Es geht also um ein zielgerichtetes „Reputationsmanagement" als Arbeitgeber. Daher ist Employer-Branding weitaus mehr als „nur" Personalmarketing, da es neben gezielten Kommunikationsbotschaften auch die Anpassung der internen Arbeitsbedingungen umfasst. Dies ist erforderlich, um eine glaubwürdige Positionierung als attraktiver Arbeitgeber zu erreichen und entspricht einer „kundenorientierten" Ausrichtung der Aktivitäten.

Arbeitgeber, die eine Vorreiterrolle im Employer-Branding innehaben, gehen bei der Segmentierung ihrer Mitarbeiterzielgruppen inzwischen mit dem gleichen Aufwand und der gleichen Methodik vor wie bei der Segmentierung von Kundenzielgruppen. Dadurch wird es möglich, diejenigen Facetten hervorzuheben und in die Arbeitgebermarke zu integrieren, die für die Zielgruppe in besonderem Maße von Bedeutung sind. Chinesische Bewerber, die mehrere Jobangebote von alternativen Arbeitgebern erhalten, erfahren durch eine starke Arbeitgebermarke mehr Sicherheit und Orientierung für ihre Auswahlentscheidung. Denn sie haben durch ein klares Markenprofil schon vor Eintritt in das Unternehmen bestimmte Vorstellungen über die Vorzüge eines bestimmten Arbeitgebers. Dies ist insbesondere für Unternehmen relevant, die am chinesischen Arbeitsmarkt noch weitestgehend unbekannt sind. Sehr oft ist das bei westlichen mittelständischen Unternehmen der Fall, die zwar faktisch attraktive Arbeitsplätze in China

---

[2]Das vollständige Ranking zu den attraktivsten Arbeitgebern in China gemäß der trendence-Studie 2014 kann unter https://www.trendence.com/unternehmen/rankings/china.html abgerufen werden.

anbieten, jedoch bei der anvisierten Zielgruppe weitgehend unbekannt sind und es daher schwer haben, geeignete Bewerber für sich gewinnen und dauerhaft binden zu können. Oftmals sichert erst eine starke Arbeitgebermarke den Zugang zu interessanten Bewerbern.

Auch große, multinationale Unternehmen und Mittelständler sollten gezielt in den Aufbau einer starken Employer-Brand in China investieren, um nicht nur als namhafter Hersteller oder Dienstleister, sondern auch als attraktiver Arbeitgeber wahrgenommen zu werden. Auch wenn gewisse positive Abstrahleffekte zwischen der Wahrnehmung als Hersteller attraktiver Produkte und der Wahrnehmung als attraktiver Arbeitgeber existieren, sollten sich Unternehmen nicht auf jene Effekte verlassen. Denn diese reichen in China nicht aus, um die wirklich umkämpften Mitarbeitergruppen am chinesischen Arbeitsmarkt für sich gewinnen und dauerhaft binden zu können.

Wie jede Marke entsteht auch eine Arbeitgebermarke nicht über Nacht und nicht von selbst. Vielmehr müssen Arbeitgeber systematisch und kontinuierlich in den Aufbau und die nachhaltige Positionierung ihrer Arbeitgebermarke in China investieren. Dabei gilt auch hier, dass ein guter Ruf als Arbeitgeber sich erst über Jahre hinweg aufbaut. Experten sprechen von mindestens fünf Jahren, die für eine glaubwürdige Positionierung einer starken Employer-Brand in China erforderlich sind.

Hingegen ist der gute Ruf bei Fehlverhalten eines Arbeitgebers gegenüber den Mitarbeitern oder der Gesellschaft schnell ruiniert. Prominentes, trauriges Beispiel hierfür stellt der chinesisch-taiwanesische Arbeitgeber „Foxconn" dar, dessen Ruf als Arbeitgeber schnell und nachhaltig ruiniert worden ist – und zwar weltweit –, nachdem eine Reihe von Arbeitnehmern aufgrund schlechter Arbeitsbedingungen und enormen Drucks Selbstmord begangen hatten. Die Arbeitgebermarke des Unternehmens „Foxconn" dürfte damit über Jahre hinweg zerstört sein, mit der Konsequenz, dass chinesische Bewerber und Mitarbeiter mit einem hohen externen Marktwert es sehr wahrscheinlich vorziehen werden, für einen anderen Arbeitgeber zu arbeiten. Dies ist freilich ein sehr extremes Beispiel. Doch auch schon deutlich harmlosere Rahmenbedingungen bei Arbeitgebern, beispielsweise unbefriedigende Personalentwicklungssysteme, mangelnde Aufstiegsmöglichkeiten oder Schwächen in der Personalführung, stellen erhebliche Risiken für die Positionierung als attraktiver Arbeitgeber dar. Chinesische Mitarbeiter der jüngeren Generation sind sehr social-media-affin. Sowohl positive als auch negative Erlebnisse und Erfahrungen mit ihrem Arbeitgeber werden mit einer großen Offenheit mit ihren sozialen Netzwerken im Internet geteilt und damit einer breiteren Öffentlichkeit zugänglich gemacht.

Arbeitgebern muss klar sein, dass eine Arbeitgebermarke wie jede Marke mit ihren Assoziationen ein „Leistungsversprechen" an bereits vorhandene und zukünftige Mitarbeiter ist. Die Arbeitgebermarke macht deutlich, was einen spezifischen Arbeitgeber auszeichnet und von anderen Arbeitgebern wiederum unterscheidet. Insbesondere in China kann die Bedeutung von zielgerichteten Employer-Branding-Aktivitäten zur Stärkung der Arbeitgebermarke gar nicht hoch genug eingeschätzt werden. Dies liegt an folgenden Gründen:

- Gerade chinesische Mitarbeiter sind sehr statusbewusst und markenaffin, und dies gilt selbstverständlich auch in Hinblick auf den Arbeitgeber, für den sie arbeiten. So haben chinesische Mitarbeiter ein ausgeprägtes Interesse daran, für einen Arbeitgeber mit einer positiv besetzten Arbeitgebermarke und starkem Arbeitgeberimage zu arbeiten.
- Ferner wollen gerade Chinesen in ihrem Familien-, Freundes- und Bekanntenkreis mit Stolz von ihrem Arbeitgeber berichten. Der Stolz kann sich dabei beispielsweise auf herausragende Arbeitsbedingungen, attraktive Vergütungsleistungen oder Entwicklungsmöglichkeiten beziehen. Chinesen sind aber auch dann sehr stolz auf ihren Arbeitgeber, wenn jener als guter „Corporate Citizen" am Unternehmensstandort agiert, indem er sich für das Gemeinwohl der Gesellschaft engagiert. Denn auch dies trägt erheblich zu einer positiven Arbeitgebermarke bei.
- Nicht selten passiert es, dass chinesische Mitarbeiter ihren Arbeitgeber wechseln, weil sie ein Angebot von einem anderen Arbeitgeber mit einer noch stärken Arbeitgebermarke erhalten, die den Lebenslauf der Kandidaten weiter aufwertet.

Zusammenfassend lässt sich festhalten, dass Unternehmen mit einer starken Arbeitgebermarke am umkämpften chinesischen Arbeitsmarkt in zweierlei Hinsicht profitieren:

- Bei der *Akquise* haben sie es leichter, sehr gute Kandidaten für sich gewinnen zu können. Denn die starke Arbeitgebermarke weckt zum einen Begehrlichkeit, für diesen Arbeitgeber zu arbeiten. Zum anderen vermittelt sie Bewerbern ein Gefühl von Sicherheit und Orientierung bei der Auswahl des Arbeitgebers. Gerade sehr gut qualifizierte chinesische Mitarbeiter, die sich die Frage stellen, welcher Arbeitgeber für sie persönlich wohl am geeignetsten sei, wählen mit hoher Wahrscheinlichkeit jenen Arbeitgeber aus, der mit einer starken Arbeitgebermarke ein klares und attraktives Leistungsversprechen abgibt, das ihren individuellen Bedürfnissen gerecht wird.
- Vor allem aber auch unterstützt eine starke Arbeitgebermarke das Ziel der *Mitarbeiterbindung*. Denn sie verleiht chinesischen Mitarbeitern Gesicht, Status und nicht zuletzt Stolz. Chinesische Mitarbeiter, die stolz sind, für ihren Arbeitgeber zu arbeiten, sind weniger leicht von einem anderen Unternehmen abzuwerben. Dies gilt auch dann, wenn ein alternativer Arbeitgeber mit höheren Gehaltsversprechen lockt.

Welche Stellhebel besitzen westliche Unternehmen nun, um eine starke Employer-Brand in China aufzubauen und gezieltes Reputationsmanagement als Arbeitgeber zu betreiben? Welche Schritte sind bei der Entwicklung einer Employer-Brand zu beachten? Eine Übersicht hierzu bietet Abb. 2.1:

- Zu Beginn der Entwicklung einer Employer-Brand ist in Form von Befragungen zu analysieren, welche Faktoren dafür ausschlaggebend sind, dass sich die relevanten Zielgruppen für den Arbeitgeber entscheiden würden (Attraktoren). Dies verschafft dem Arbeitgeber ein besseres Verständnis für die Motivationsgründe und Bedürfnisse

2.2 Entwicklung einer starken Employer-Brand für China …

Erhebung der **Attraktoren** aus Sicht der relevanten Zielgruppen und **Soll-Ist-Abgleich**	Entwicklung einer attraktiven **Employer-Brand**	Interne und externe **Verankerung** der Employer-Brand
• Was sind die Faktoren, die für die relevanten Zielgruppen ausschlaggebend sind, sich für einen Arbeitgeber zu entscheiden (**Attraktoren**)? • Sind die internen Rahmenbedingungen so, dass die Attraktoren erfüllt werden (**Soll-Ist-Abgleich**)?	• Welche Werte sollen als Leistungsversprechen in die **Employer-Brand** integriert werden, die den Attraktoren der Zielgruppen entsprechen und gleichzeitig unternehmensspezifisch, glaubwürdig und wettbewerbsdifferenzierend sind?	• Welche Maßnahmen müssen intern ergriffen werden, damit die Leistungsversprechen der Employer-Brand tatsächlich **intern** gelebt werden? • Welche **externen** Personalmarketingmaßnahmen sind zu ergreifen, um die Employer-Brand effektiv und nachhaltig bei den relevanten Zielgruppen zu verankern?

Abb. 2.1 Schritte für die Entwicklung einer Employer Brand für China

der Zielgruppen, die je nach Branche, Standort, Ausbildung und Berufserfahrung unterschiedlich ausfallen können. Beispielsweise können sich die Attraktoren von Hochschulabsolventen der Ingenieurswissenschaften im Großraum Peking klar von den Attraktoren von berufserfahrenen Managern mit wirtschaftswissenschaftlichem Hintergrund in den südlichen Ballungsgebieten Chinas unterscheiden. Anschließend hat ein Soll-Ist-Abgleich zu erfolgen, indem die bestehenden internen Rahmenbedingungen im Unternehmen für die jeweilige Zielgruppe mit deren Attraktoren abgeglichen werden.

- Auf der Basis der erhobenen Attraktoren und der Ergebnisse des Soll-Ist-Abgleichs kann schließlich die Employer-Brand entwickelt werden. Es geht um die Schaffung einer unverwechselbaren Marke mit einem klaren Profil. Dieses enthält Aussagen, die für die relevanten Zielgruppen attraktiv sowie wettbewerbsdifferenzierend und glaubwürdig sind. Ein bekannter multinationaler Arbeitgeber beispielsweise verspricht mit seiner Arbeitgebermarke, „nur die Besten einzustellen" und ihnen hervorragende internationale Entwicklungsmöglichkeiten sowie exzellente Qualifizierungsmöglichkeiten anzubieten. Damit schafft sich dieser Arbeitgeber ein klares Profil und spricht die Bedürfnisse von äußerst leistungsorientierten Kandidaten an.
- Um in einem nächsten Schritt die Employer-Brand effektiv und nachhaltig intern und extern zu verankern, müssen die Aussagen der Employer-Brand zielgruppenspezifisch ausgerichtet und operationalisiert werden. Ein Arbeitgeber beispielsweise, der in seiner Employer-Brand gute Entwicklungsmöglichkeiten, innovative Arbeitsprozesse und Auslandserfahrungen verspricht, muss diese Aussagen für die relevante Zielgruppe „übersetzen", damit sie konkret und verständlich kommuniziert werden können. Von vielen Arbeitgebern allerdings wird vergessen, dass es sich beim Employer-Branding nicht ausschließlich um Personalmarketing handelt, das sich auf das Senden von Kommunikationsbotschaften nach innen und außen beschränkt. Vielmehr

geht es bei der Verankerung der Employer-Brand darum, zusätzlich zum Personalmarketing einen Prozess anzustoßen, der gewährleistet, dass die Aussagen der Employer-Brand im Sinne eines Leistungsversprechens des Arbeitgebers tatsächlich umgesetzt und vorgelebt werden. So geht es beispielsweise nicht nur um das interne und externe Kommunizieren von „hervorragenden Entwicklungsmöglichkeiten", sondern auch um die Schaffung der entsprechenden Rahmenbedingungen hierfür.

Ein Best-Practice-Beispiel, wie die Attraktoren der relevanten Zielgruppen erhoben und zielgerichtet für die Schaffung einer starken Employer-Brand am chinesischen Arbeitsmarkt verwendet werden, bietet die BMW Group.

Best-Practice-Beispiel[3]
Von ihrer globalen Employer-Brand ausgehend hat die BMW Group eine chinaspezifische Kampagne für den chinesischen Arbeitsmarkt konzipiert und umgesetzt. Die entwickelten Maßnahmen haben sowohl einen internen als auch einen externen Fokus, um die eigenen (internes Employer-Branding) sowie potenzielle zukünftige Mitarbeiter (externes Employer-Branding) anzusprechen.

Beim *internen* Employer-Branding hat die BMW Group verschiedene Maßnahmen ergriffen, die auf den Spezifika der Unternehmenskultur basieren und folgende Ziele und Instrumente umfasst:

- Jeder Mitarbeiter von BMW China soll seine Bedeutung kennen und sich seines Beitrags für den gemeinsamen Erfolg bewusst sein. Dies müssen Führungskräfte in der täglichen Zusammenarbeit vorleben und für die Mitarbeiter erlebbar machen.
- Über regelmäßige Mitarbeiterbefragungen und anschließende Feedbackrunden identifiziert BMW Handlungsbedarfe und erhebt ein Stimmungsbild über die Zufriedenheit der Mitarbeiter in den einzelnen Unternehmensbereichen in China. Damit hat BMW bewusst ein „Frühwarnsystem" für Befindlichkeiten und Stimmungen in der Belegschaft etabliert, um Handlungsbedarfe frühzeitig erkennen und proaktiv handeln zu können.
- Auch die Identifikation der Mitarbeiter mit den firmeneigenen Produkten und Dienstleistungen wird gezielt gestärkt. Für alle Mitarbeiter in China bietet das Unternehmen regelmäßig „Driving Events" mit unternehmenseigenen Fahrzeugen sowie entsprechende Produkterfahrungen und -erlebnisse an.
- Darüber hinaus organisiert BMW in regelmäßigen Abständen Mitarbeiterveranstaltungen, um gemeinsame Erfolge zu feiern. Dadurch sollen der Zusammenhalt und die Identifikation mit dem Arbeitgeber gestärkt werden.

---

[3]Zu weiterführenden Erläuterungen zum Best-Practice-Beispiel BMW vgl. Fargel und Wenzel (2015).

Im Rahmen des *externen* Employer-Brandings setzt die BMW Group gezielt auf mehrere Faktoren, um neue qualifizierte Mitarbeiter zu gewinnen:

- Auf Basis einer Zielgruppenanalyse wurden für die einzelnen Zielgruppen sogenannte „Employer Value Propositions" entwickelt. Diese berücksichtigen die unterschiedlichen Erwartungen und Bedürfnisse der jeweiligen Zielgruppen und integrieren sie in die gezielte Bewerberansprache. Dieses Vorgehen ermöglicht es, an chinesische Kandidaten für die unterschiedlichen Unternehmensfunktionen sowohl online als auch offline mit einer differenzierten und kulturgerechten Wort- und Bildsprache heranzutreten.
- Ferner kooperiert die BMW Group mit ausgewählten chinesischen Partnerhochschulen, beispielsweise mit der Tsinghua University in Peking. An ihr führt BMW unter anderem die Vorlesungsreihe „BMW Top Voices" durch, bei der Vertreter des oberen Managements den chinesischen Studenten Einblicke in das Unternehmen und seine Aktivitäten in China geben.
- Mit dem „BMW Strategic Internship Program" rief das Unternehmen ein Praktikantenprogramm für herausragende chinesische Universitätsstudenten ins Leben, in dem die Studenten während ihres Praktikums mehrere Trainings durchlaufen und sich systematisch mit dem Unternehmen vertraut machen.

Ein Wort an dieser Stelle, wie westliche Arbeitgeber in China gesehen werden: Westliche Arbeitgeber besitzen in China grundsätzlich eine gute Reputation, da der Westen, westliche Produkte und damit auch westliche Arbeitgeber mit Prestige assoziiert werden. Dies gilt sowohl für westliche Konzerne als auch für mittelständische Unternehmen. Der Westen steht aus Sicht chinesischer Arbeitnehmer für Moderne, Weltoffenheit, für Fortschritt, Innovation und Qualität und gilt als schick. Von diesem Image des Westens können westliche Arbeitgeber bei der Positionierung ihrer Arbeitgebermarke in den relevanten Zielgruppen profitieren und sollten dies entsprechend bei ihren Employer-Branding-Aktivitäten gezielt nutzen. Darüber hinaus sollten westliche Unternehmen sich auch um ein gezieltes Reputationsmanagement als Arbeitgeber kümmern, indem sie sich für gesellschaftliche Belange am chinesischen Standort einsetzen. Idealerweise lässt sich das Engagement mit direkten Vorteilen für das Unternehmen verbinden, beispielsweise, indem einer lokalen Hochschule ein Lehrstuhl finanziert wird, der Studenten unternehmensrelevante Qualifikationen und Kompetenzen vermittelt und anschließend geeignete Kandidaten bereitstellt.

Besonders wirkungsvoll kann ein positives Arbeitgeberimage am Arbeitsmarkt etabliert werden, wenn bestehende Mitarbeiter zu „Fans" der eigenen Arbeitgebermarke gemacht werden. Dies ist ein hoher Anspruch, der aber mehrere Vorteile mit sich bringt. Fans einer Marke tendieren dazu,

- die Marke ihren Freunden, Studienkollegen und Bekannten weiterzuempfehlen,
- positiv über die Marke zu sprechen und
- auch dann der Marke treu zu bleiben, wenn es vorübergehend kleinere Probleme gibt oder sich ein alternatives Angebot ergibt.

Mitarbeiter können dann zu „Fans" gemacht werden, wenn es dem Arbeitgeber gelingt, das Leistungsversprechen der Employer-Brand gegenüber seinen Mitarbeitern tatsächlich einzuhalten und spürbar umzusetzen und wirkungsvolles Reputationsmanagement am chinesischen Standort zu betreiben. Dies erhöht auch die Wahrscheinlichkeit, die Mitarbeiter gezielt als Botschafter der eigenen Arbeitgebermarke einsetzen zu können, indem sie beispielsweise an ihren ehemaligen Hochschulen oder in ihrem persönlichen Netzwerk positiv über ihren Arbeitgeber sprechen und diesen weiterempfehlen.

Die Entwicklung einer starken Employer-Brand ist ein wichtiger Schritt, um geeignete Mitarbeiter auf das eigene Unternehmen als Arbeitgeber aufmerksam zu machen. Doch wie soll ein Unternehmen mit Sitz der Zentrale in Deutschland, Österreich oder Schweiz qualifizierte und passende Mitarbeiter im entfernten China nun konkret finden? Welche Recruiting-Möglichkeiten bestehen, um Zugang zu geeigneten Kandidaten zu bekommen? Was sind die Gesetze und Gepflogenheiten des lokalen Arbeitsmarkts? Wo liegen die Risiken im Recruiting in China? Diese und weitere Fragen werden nachfolgend beantwortet.

2.3 Aufbau und Nutzung eines Portfolios an zielgruppenspezifischen Recruiting-Kanälen

Wie bereits mehrfach angeklungen, ist es in China alles andere als leicht, qualifiziertes Personal am umkämpften Arbeitsmarkt zu finden. Dies gilt insbesondere für hoch spezialisierte und erfahrene Fachkräfte in Funktionen wie beispielsweise im Einkauf oder im Qualitätsmanagement oder für international erfahrene Führungskräfte. Wiederkehrende und branchenübergreifende Hindernisse bei der Personalsuche sind

- unzureichende Qualifikation oder Berufserfahrung der Bewerber,
- mangelnde Englischkenntnisse,
- unzureichende Erfahrungen und Kompetenzen in der Zusammenarbeit mit westlichen Kollegen bzw. unzureichende internationale Erfahrungen sowie
- erhöhte Gehaltsforderungen von qualifizierten Bewerbern, deren Einstellung oftmals die interne lokale Vergütungsstruktur in ein Ungleichgewicht bringen würde.

An weniger attraktiven Standorten in China, beispielsweise im Landesinneren oder außerhalb der großen attraktiven Ballungszentren wie etwa Peking oder Shanghai, ist das Problem der Personalsuche noch stärker ausgeprägt. Denn Chinesen sind sehr heimat- und familienverbunden und insbesondere die hoch qualifizierten Chinesen mit entsprechenden Wahlmöglichkeiten lassen sich in der Regel nur mit kostspieligen Anreizpaketen motivieren, ihre Heimatregion oder attraktive Städte berufsbedingt zu verlassen. Wer als westliches Unternehmen daher für China qualifiziertes Personal sucht, ist gut beraten, durchaus nach „kreativen" Lösungen zu suchen und sich gegebenenfalls von den am westlichen Standort üblichen Vorgehensweisen im Recruiting zumindest teilweise zu verabschieden. Denn die Personalsuche am chinesischen Arbeitsmarkt besitzt ihre eigenen lokalspezifischen Regeln, die entsprechend berücksichtigt werden sollten:

- So spielt etwa das Personal-Rekrutierung über Stellenanzeigen in chinesischen Zeitungen nur eine untergeordnete Rolle.
- Dagegen sind für Berufseinsteiger Karriereforen und Jobmessen an chinesischen Hochschulen sehr verbreitet. Ähnlich wie bei einer Messe präsentieren sich dabei die Unternehmen an Ständen, stellen das Unternehmen mit seinen Einstiegs- und Entwicklungsmöglichkeiten sowie aktuelle Vakanzen vor und führen erste Bewerbungsgespräche mit interessanten Kandidaten durch. Flankierend finden Workshops statt, in denen Unternehmen Kandidaten näher kennen lernen und erstmalig testen können. Ein bekanntes Beispiel hierfür ist die „Sino German Job Fair". Sie findet regelmäßig in Peking und Shanghai statt und wird von der deutschen Außenhandelskammer durchgeführt.
- Am häufigsten nutzen chinesische Kandidaten für ihre Stellensuche die Suche auf den jeweiligen Webseiten der Unternehmen, die daher entsprechend professionell aufbereitet, gepflegt und zielgruppengerecht gestaltet werden sollten.
- Für berufserfahrene Kandidaten spielen übergreifende Stellenbörsen im Internet eine große Rolle. Insbesondere für multinationale Unternehmen sind die Jobbörsen ChinaHR.com, Renren.com und Zhaopin.com interessant.

Da der chinesische Arbeitsmarkt umkämpft ist, empfiehlt es sich für westliche Unternehmen, sich simultan mehrerer zielgruppenspezifischer Recruiting-Kanäle zu bedienen, um nachhaltig eine ausreichende Anzahl an geeigneten Bewerbern sicherstellen zu können. Dadurch kann im Idealfall eine stetig gefüllte „Kandidaten-Pipeline" generiert werden, die es bei auftretenden Vakanzen oder Expansionsplänen ermöglicht, Stellen möglichst zeitnah mit geeigneten Kandidaten zu besetzen. Empfehlenswert ist daher der Aufbau eines strategischen Portfolios an differenzierten Recruiting-Kanälen, die jeweils unterschiedliche, im Unternehmen benötigte Zielgruppen ansprechen. Für die Besetzung von Positionen in China greifen Arbeitgeber hauptsächlich auf lokale Recruiting-Kanäle vor Ort zurück. Allerdings bietet es sich für westliche Unternehmen an, ihren Recruiting-Fokus für China bewusst auszuweiten und eine globalere Perspektive einzunehmen. Durchaus relevant sind neben der Personalsuche vor Ort in China nämlich auch weitere Recruiting-Kanäle in Regionen außerhalb Chinas. Diese sind in Abb. 2.2 dargestellt und werden nachfolgend erläutert:

Abb. 2.2 Zielgruppenspezifische Recruiting-Kanäle für potenzielle Mitarbeiter für China

So können geeignete Mitarbeiter für China über drei unterschiedliche, nach Regionen differenzierte Recruiting-Kanäle akquiriert werden, die nachfolgend mit ihren jeweiligen Vor- und Nachteilen beleuchtet werden:

1. vor Ort in China,
2. an weiteren Standorten außerhalb der Volksrepublik China mit einer hohen Dichte an gut ausgebildeten chinesisch-stämmigen Bürgern,
3. am Standort der Unternehmenszentrale in Deutschland bzw. an weiteren westlichen Standorten des Unternehmens.

1. Rekrutierung vor Ort in China
Werden Mitarbeiter vor Ort in China gesucht, kommt der Rekrutierung an chinesischen Hochschulen eine hohe Bedeutung zu, da in diesem Segment das quantitative Angebot sehr groß ist. Aus der Masse an Absolventen sind diejenigen auszuwählen, die in einem westlichen Unternehmen einsetzbar sind. Ein bewährter Ansatz vieler Arbeitgeber ist, strategische Hochschulpartnerschaften mit relevanten Zielhochschulen einzugehen. Beispielsweise sponsern deutsche Unternehmen inzwischen rund zwei Dutzend Professoren am deutsch-chinesischen Hochschulkolleg an der renommierten Tongji Universität, um über diese Kooperation gut ausgebildete Absolventen für sich rekrutieren zu können. Deutsche Automobilhersteller wie Audi und BMW kooperieren mit der Tongji Universität. Im Rahmen ihrer Bachelor-, Master- und Doktorarbeiten arbeiten chinesische Studenten mit den Unternehmen an verschiedenen technischen Projekten, beispielsweise zum Thema Elektromobilität. Dadurch sichern sich die Automobilhersteller den Zugang zu gut und bedarfsorientiert ausgebildeten Absolventen.

Besonders wirkungsvoll ist es, wenn gerade hochrangige Unternehmensvertreter sich an ausgesuchten Zielhochschulen engagieren. Die Zielsetzung dabei ist, möglichst frühzeitig, das heißt bereits während des Studiums, geeignete Kandidaten für das Unternehmen zu interessieren oder gar zu binden. Je früher es ein Unternehmen schafft, sehr gute Kandidaten für sich zu begeistern, desto eher umgeht es den intensiven Wettbewerb mit anderen Arbeitgebern um jene Kandidaten. Grundvoraussetzung für nachhaltig funktionierende strategische Hochschulpartnerschaften ist, dass beide Seiten, also Unternehmen und Hochschule, davon profitieren und entsprechend in die Kooperation investieren. Dies kann folgendermaßen aussehen:

- Unternehmen lassen den Hochschulen für ausgewählte Lehrstühle oder Forschungsprojekte finanzielle Mittel zukommen oder beteiligen sich mit Unternehmensvertretern an der Durchführung von Praxisvorlesungen oder -seminaren. Ferner bieten sie den Studenten der chinesischen Zielhochschule Praktikumsplätze und Werkstudententätigkeiten an, um diesen eine praxisorientiertere Ausbildung zu ermöglichen. In den letzten Jahren hat sich in China zunehmend der Trend herauskristallisiert, Unternehmensstipendien an herausragende chinesische Studenten zu vergeben, die sich im Gegenzug verpflichten, nach ihrem Abschluss für eine definierte Zeit für den Stipendiengeber zu arbeiten. Sinnvoll kann auch die Förderung von chinesischen Doktoranden oder Professoren sein, die in einem für das Unternehmen wichtigen Forschungsfeld tätig sind.
- Die Zielhochschule im Gegenzug passt ihr Lehrangebot an die Kompetenzbedarfe des Unternehmens an und sorgt damit dafür, dass die Absolventen geeignete Qualifikationen für einen späteren Einstieg in das Unternehmen mitbringen. Ferner schafft die Hochschule für das Unternehmen geeignete Recruiting-Plattformen. Dies können beispielsweise Hochschulmessen oder individuell für das Unternehmen organisierte Recruiting-Veranstaltungen sein, die es dem Unternehmen ermöglichen, sich bei den Studenten bekannt zu machen und mit möglichen Kandidaten in Kontakt zu treten. Denn ein hoher Bekanntheitsgrad an der Zielhochschule ist wichtig, um bei den chinesischen Absolventen aus der Masse potenzieller Arbeitgeber hervorzustechen.

Bei der Auswahl geeigneter Zielhochschulen ist es für westliche Arbeitgeber empfehlenswert, differenziert und bedarfsbezogen vorzugehen. In China gibt es eine Reihe von Topuniversitäten mit hervorragendem nationalem oder gar internationalem Ruf. Absolventen dieser Hochschulen sind oftmals besser und auch internationaler ausgebildet als Absolventen anderer Hochschulen und damit von Beginn an besser im Unternehmen einsetzbar. Sie sind aber auch ehrgeizig und sich ihres Marktwerts durchaus bewusst und sind damit tendenziell anfälliger für häufige Arbeitsplatzwechsel. Auch werden gerade diese Kandidaten während ihres weiteren Karriereverlaufs von Mitgliedern ihres persönlichen Netzwerks, das sie an der Hochschule aufgebaut haben, angesprochen und gegebenenfalls zu einem Arbeitgeberwechsel motiviert. Strategische Hochschulpartnerschaften mit solchen Topuniversitäten sind daher nur für Unternehmen sinnvoll, die über ein entsprechend attraktives Vergütungsmodell verfügen sowie in ausreichender Anzahl geeignete Entwicklungsmöglichkeiten für sehr gute und ehrgeizige Kandidaten bereithalten, insbesondere auf den Managementebenen.

Sinnvoll für westliche Arbeitgeber können auch strategische Partnerschaften mit Hochschulen rund um den chinesischen Standort sein. Auch wenn jene Hochschulen nicht in den Toprankings der Tophochschulen des Landes auftauchen mögen, können sie durchaus Quellen für geeignete Kandidaten sein, die in der Region verwurzelt sind. Der Vorteil jener Absolventen ist, dass sie oftmals eine höhere Loyalität und Bleibebereitschaft mitbringen und zufrieden sind, einen attraktiven Arbeitgeber in ihrer Heimatregion gefunden zu haben und damit in der Nähe ihrer Familie leben zu können.

Westliche Arbeitgeber sollten bei der Rekrutierung von Absolventen chinesischer Hochschulen allerdings stets beachten, dass das Ausbildungsniveau chinesischer Hochschulabsolventen in Bezug auf praxisnahes und selbstständiges, freies Arbeiten nicht mit dem Niveau vergleichbar ist, das Absolventen westlicher Hochschulen mitbringen. Daher ist es sinnvoll, chinesische Absolventen zu Beginn ihres Einstiegs in das Unternehmen ein solides Einarbeitungs- und Orientierungstraining durchlaufen zu lassen, um sie an die erforderlichen Berufsanforderungen systematisch heranzuführen.

Interessante Kandidaten insbesondere für Managementpositionen dürften westliche Unternehmen in Zukunft auch vermehrt in dem rasch wachsenden Pool von chinesischen Absolventen internationaler Studienprogramme finden. So gibt es in China inzwischen zahlreiche MBA-Programme ausländischer Anbieter, die meist mit lokalen Hochschulen kooperieren und chinesische Studenten nach internationalen MBA-Standards ausbilden. Prominente Beispiele hierfür sind das MBA-Programm des Massachusetts Institute of Technology (MIT) an der Tsinghua sowie das MBA-Programm der Maryland University an der Beijing University of International Business and Economics.

Besonders hervorzuheben ist auch die China European International Business School (CEIBS), die im Rahmen einer Kooperation zwischen der EU und der Shanghaier Regierung auf dem Campus der Shanghai Jiaotong University mit einer eigenen MBA-Schule errichtet worden ist. Diese gilt als die beste MBA-Einrichtung Chinas und als die fünftbeste im gesamten Asien-Pazifik-Raum. Diese Kandidaten sind in der Regel praxisnäher ausgebildet als herkömmliche Hochschulabsolventen, bringen aber auch höhere Erwartungen bezüglich ihrer Gehalts- und Karriereentwicklung mit.

Darüber hinaus entwickelt sich in China eine zunehmende Anzahl an chinesischen MBA-Programmen. Allerdings ist das Niveau dieser Programme zumeist niedriger als der internationale Standard. Der Grund hierfür sind die oftmals mangelnden Praxiserfahrungen des Lehrpersonals und der weit verbreitete Frontalunterricht. Dies muss entsprechend bei der Auswahl der Absolventen berücksichtigt werden.

Angesichts der Tatsache, dass das Marktwachstum in China eine wachsende Anzahl an Kandidaten für Managementpositionen erfordert und es eine gewisse Zeit bedarf, Hochschulabsolventen an solche Positionen heranzuführen, ist es empfehlenswert, flankierend auch berufserfahrene (Young) Professionals anderer Unternehmen zu rekrutieren. Dies können zum einen chinesische Kandidaten sein, die über relevante Kompetenzen, Erfahrungen und vor allem auch Kontakte verfügen. Durchaus interessant können aber auch deutsche bzw. westliche Kandidaten sein, die bereits in China arbeiten und dort relevante Berufs- und Branchenerfahrungen gesammelt und sich ein relevantes persönliches Netzwerk aufgebaut haben.

Vor dem Hintergrund des in bestimmten Segmenten nahezu leer gefegten Arbeitsmarktes ist es gerade in China lohnenswert, auch in branchenfremden Arbeitsmarktsegmenten zu suchen, in denen Mitarbeiter analoge Herausforderungen wie in der eigenen Branche zu bewältigen haben. Werden beispielsweise in der Automobilindustrie kundenorientierte Händler für Premiumfahrzeuge gesucht, sind berufserfahrene Kandidaten aus der gehobenen Hotelleriebranche durchaus interessant, da diese gut für den Umgang mit anspruchsvollen Kunden ausgebildet sind. Werden branchenfremde Mitarbeiter rekrutiert, ist allerdings eine umso intensivere Einarbeitung in die spezifischen Anforderungen und Hintergrundkenntnisse der jeweiligen Branche erforderlich.

2. Rekrutierung an weiteren Standorten mit vielen chinesisch-stämmigen Bürgern
Ein weiterer nicht zu unterschätzender Recruiting-Kanal für die Besetzung von Positionen in China sind die rund 65 Mio. Übersee-Chinesen, zu denen mehr als 30 Mio. Hongkong-, Macao- und Taiwan-Chinesen sowie weitere 35 Mio. Chinesen in der restlichen Welt, insbesondere in Singapur, Malaysia, den USA, Kanada und Großbritannien zählen. In diesen Regionen gibt es eine Fülle an sehr gut ausgebildeten, international erfahrenen chinesisch-stämmigen Kandidaten. So gibt es beispielsweise Unternehmen in China, die bei der Kandidatensuche gezielt nach sogenannten „ABC"-Chinesen (American born Chinese) Ausschau halten. Eine Reihe dieser Übersee-Chinesen sind bereit, für ein geeignetes Job-Angebot auch in der Volksrepublik China zu arbeiten, wo in vielen Fällen die eigene Familie ursprünglich herkommt und teilweise noch ansässig ist. Diese Zielgruppe bringt neben ihren oftmals hervorragenden Ausbildungshintergründen den großen Vorteil mit, dass sie in vielen Fällen fließend Mandarin, damit also Hochchinesisch, sprechen und sehr gut mit der chinesischen Kultur und den Business-Gepflogenheiten vertraut sind. Gleichzeitig sind sie westlich geprägt und an den Umgang mit westlichen Kollegen, Führungskräften und Mitarbeitern gewohnt.

Allerdings ist zu beachten, dass Chinesen der Volksrepublik China Übersee-Chinesen oftmals als ähnlich „fremd" empfinden wie etwa westliche Kandidaten. Dies gilt insbesondere dann, wenn Übersee-Chinesen Führungspositionen einnehmen und disziplinarisch Mitarbeiter der Volksrepublik China führen. Daher ist es ratsam, jene Zielgruppe ähnlich gut auf die disziplinarische Führung chinesischer Mitarbeiter vorzubereiten, wie es mit westlichen Expatriates durch entsprechende Trainings geschieht.

3. Rekrutierung in Deutschland am Standort der Unternehmenszentrale
Ein weiterer geeigneter Recruiting-Kanal für die Besetzung von Positionen in China ist am westlichen Standort der Unternehmenszentrale selbst gegeben. Dieser Recruiting-Weg wird oftmals zu Unrecht unterschätzt. Denn die Botschaft, dass China einen bedeutenden Markt der Gegenwart und Zukunft mit engen Wirtschaftsverbindungen zum Westen darstellt, ist längst auch an westlichen Hochschulen angekommen. So hat

die Anzahl an länderübergreifenden Hochschulkooperationen zwischen China und westlichen Ländern in den letzten Jahren stark zugenommen. Mit dieser Entwicklung ist auch die Zahl chinesischer Studenten und Absolventen an westlichen Hochschulen stark gewachsen.

Seit Beginn der chinesischen Öffnungspolitik in Richtung Westen in den 1980er Jahren haben chinesische Studenten begonnen, im Ausland zu studieren. Seither hat sich einiges getan. Beispielsweise sind gegenwärtig mehr als 25.000 chinesische Studenten an deutschen Hochschulen immatrikuliert. Der Großteil dieser chinesischen Studenten ist in den sogenannten MINT-Fächern (Mathematik-, Ingenieur-, Natur- und Technikstudiengängen) oder in Wirtschaftswissenschaften eingeschrieben und wird nach westlichen Hochschulstandards ausgebildet. Darüber hinaus leben inzwischen auch viele chinesische (Young) Professionals in Deutschland, die nach ihrem Studium ihren Berufseinstieg bei einem Unternehmen in Deutschland gewählt haben. Für deutsche Firmen ist die Rekrutierung chinesischer Absolventen oder (Young) Professionals am eigenen Standort aus zwei Gründen vorteilhaft:

- Die Kandidaten sprechen beide Sprachen und kennen beide Kulturen.
- Oftmals haben sie noch gute Kontakte in die chinesische Heimat, die sie im Sinne des Unternehmens nutzen können.

Gleichwohl handelt es sich um eine Zielgruppe, die in vielen Fällen direkt nach dem Studium ein großes Interesse hat, in Deutschland zu arbeiten. Über entsprechend attraktive Angebote muss diese Zielgruppe motiviert werden, nach China zurückzukehren. Arbeitgeber müssen vor diesem Hintergrund entsprechend attraktive und bedürfnisgerechte Anreizpakete entwickeln und anbieten. Wenn das Unternehmen am Standort in China in Zukunft wachsen wird, kann diese Zielgruppe beispielsweise mit attraktiven Entwicklungsmöglichkeiten und herausfordernden Aufgaben mit entsprechender Verantwortungsübernahme vor Ort in China gelockt werden.

Eine weitere Zielgruppe für die Besetzung von Positionen in China sind auch deutsche (Young) Professionals, die erforderliche fachliche und interkulturelle Kompetenzen sowie Sprachkenntnisse mitbringen, die in China benötigt werden. Diese Zielgruppe kann mit interessanten Aufgaben in einem der größten Wachstumsmärkte der Welt sowie mit entsprechenden positiven Auswirkungen ihres Auslandseinsatzes auf ihre weitere persönliche Karriere motiviert werden. Zu beachten sind hierbei allerdings die Auflagen der chinesischen Behörden für die Ausstellung von Arbeitsvisa. Beispielsweise sind für ein Arbeitsvisum für Peking mindestens drei Jahre Berufserfahrung sowie ein akademischer Hochschulabschluss Voraussetzung.

Um am Standort Deutschland geeignete Kandidaten für China zu finden, führen einige Unternehmen bereits spezifische Recruiting-Veranstaltungen durch, die genau auf die Ansprache dieser besonderen Zielgruppe zugeschnitten sind.

Unternehmen können über die dargestellten Recruiting-Kanäle selbst nach geeigneten Kandidaten für die Besetzung von Positionen in China suchen. Dabei ist stets auf eine enge und gut abgestimmte Zusammenarbeit zwischen dem Personalwesen der westlichen Zentrale, dem lokalen chinesischen Personalwesen und der beteiligten Fachfunktionen, für die Talente gesucht werden, zu achten.

Eine weitere Möglichkeit für Unternehmen ist darüber hinaus die Zusammenarbeit mit international agierenden oder lokal angesiedelten Personalberatungen mit spezialisierten Headhunting-Abteilungen. Diese Firmen werden insbesondere für die Suche nach hoch spezialisierten Fach- und international erfahrenen Führungskräften eingesetzt, die nur schwer am Arbeitsmarkt zu finden sind. Oftmals sind geeignete Kandidaten bei Wettbewerbern oder Lieferanten beschäftigt und müssen gezielt über Headhunter abgeworben werden. Gleiches gilt für die Suche nach Mitarbeitern, die über hervorragende Branchenexpertise und ausgeprägte persönliche Netzwerke zu relevanten Entscheidungsträgern und Institutionen verfügen. Der Auftrag der Headhunter ist dabei nicht nur, geeignetes Personal für ihren Kunden zu finden. Vielmehr geht es auch darum, ihrem Kunden mit Rat und Erfahrungswerten bezüglich des lokalen Arbeitsmarktes zur Seite zu stehen und ihn mit Hinweisen, Ratschlägen und weiteren geeigneten Ansprechpartnern, wie beispielsweise Anwälten mit Schwerpunkt chinesisches Arbeits- und Steuerrecht, zu unterstützen.

Eine weitere Möglichkeit für deutsche Unternehmen, in China geeignetes Personal zu finden, stellt die Suche über die Auslandshandelskammern dar. In China sind diese an den Standorten Peking, Shanghai und Guanzhou vertreten. Die Unterstützungsleistungen der Auslandshandelskammern bieten sich insbesondere für diejenigen Unternehmen an, die bei der Personalsuche nicht auf eine eigene lokale Personalabteilung zurückgreifen und sich von dieser beraten lassen können. So unterstützen die Auslandshandelskammern beispielsweise bei der Erstellung der Stellenanzeigen, dem Einstellen dieser Stellenanzeigen auf der Job-Webseite der Auslandshandelskammern und bei Bedarf in weiteren Online-Jobbörsen, der Vorauswahl eingehender Bewerbungen, der Durchführung von Interviews sowie bei der Erstellung der Arbeitsverträge.

2.4 Typische Recruiting-Risiken in China

Auch hinsichtlich der Recruiting-Risiken stellt China einen besonderen Arbeitsmarkt dar. Westliche Arbeitgeber müssen sich dieser Risiken bewusst sein, um sich entsprechend im Recruiting- und Auswahlprozess darauf einstellen und weit verbreitete Fallen umgehen zu können. Typische Risiken im Recruiting in China sind die folgenden:

- Gefälschte Abschlusszeugnisse und Biografien sind in China so weit verbreitet wie in kaum einem anderen Land, weil viele Bewerber sich dadurch bessere Chancen am Arbeitsmarkt erhoffen. Gleichzeitig hat sich in China ein regelrechter Dienstleistungszweig für die bedarfsorientierte und individuelle Fälschung von Abschlusszeugnissen entwickelt, der Fälschungen mit einer beachtlichen Qualität herstellt. Nach Schätzungen von Experten müssen Unternehmen damit rechnen, dass zwischen 30 und

70 % der chinesischen Hochschulzeugnisse je nach Region gefälscht sein können. Wenngleich es sich hierbei lediglich um Schätzwerte handelt, die entsprechend mit Vorsicht betrachtet werden sollten, sind die Zahlen für Arbeitgeber dennoch alarmierend. Daher sollten im Auswahlprozess akademische Zeugnisse und Weiterbildungszertifikate chinesischer Kandidaten nicht überbewertet werden. Vielmehr sollten sich Arbeitgeber selber ein Bild von der tatsächlichen Leistungsfähigkeit der chinesischen Kandidaten machen, indem Auswahlverfahren angewendet werden, durch welche sich die erforderlichen Kompetenzen und Fertigkeiten in einem möglichst praxisnahen Arbeitskontext überprüfen lassen. Hierfür bieten sich mehrstufig gestaltete Auswahlprozesse an, die eine stufenweise und mehrfach abgesicherte Beurteilung der tatsächlichen Kompetenzen der Kandidaten zulassen. Ebenso sind umfassende Referenzabfragen sowie Arbeitsproben im Auswahlprozess empfehlenswert. Darüber hinaus ist es sinnvoll, die Lebensläufe der Kandidaten vor dem Hintergrund versteckter Interessen und sozialer Beziehungen zu überprüfen, die den Unternehmenszielen widersprechen könnten.

- In China passiert es auch oft, dass chinesische Kandidaten, die einen Arbeitsvertrag bei einem Arbeitgeber unterschrieben haben, dennoch nicht antreten, weil sie in der Zwischenzeit ein noch attraktiveres Angebot bei einem anderen Arbeitgeber erhalten haben.
- Auch kann es vorkommen, dass Kandidaten einen Arbeitsvertrag unterzeichnen und mit dem unterschriebenen Arbeitsvertrag den „Druck" auf einen alternativen Arbeitgeber erhöhen, ihnen ein noch besseres Angebot zu unterbreiten, welches sie dann in vielen Fällen auch annehmen. Damit treten jene Kandidaten trotz unterschriebenem Arbeitsvertrag erst gar nicht beim Arbeitgeber an. Um dieses Risiko zu umgehen, sind einige Arbeitgeber in China dazu übergegangen, für erfolgskritische Stellen doppelt zu rekrutieren, um dadurch sicherzustellen, mindestens einen geeigneten Kandidaten tatsächlich einstellen zu können. Unternehmen sollten beachten, dass qualifizierte Kandidaten in der Regel noch weitere Gespräche mit anderen Arbeitgebern führen. Daher kommt der raschen Rückmeldung und einer schnellen Zusage und Vertragserstellung eine hohe Bedeutung zu. Nimmt sich ein Unternehmen nach dem Vorstellungsgespräch noch einige Tage oder gar Wochen Bedenkzeit für interne Abstimmungen, kann es gerade am dynamischen chinesischen Arbeitsmarkt passieren, dass der Kandidat bereits verbindlich bei einem anderen Arbeitgeber zugesagt hat und nicht mehr zur Verfügung steht.
- Ein weiteres verbreitetes Recruiting-Risiko ist, dass in China gerne Kandidaten auf informellem Wege über die weit verbreiteten chinesischen Beziehungsnetzwerke in den Bewerbungsprozess eingesteuert werden. So werden Arbeitgebern oft Kandidaten von Mitarbeitern oder weiteren Unternehmens-Stakeholdern wie Kunden oder Lieferanten empfohlen, die sich später jedoch als ungeeignet herausstellen. Um dieses Risiko zu umgehen, sollte die Auswahl von Bewerbern stets im Rahmen eines Mehr-Augen-Prinzips erfolgen, sodass Auswahlentscheidungen immer der Zustimmung

mehrerer Personen bedürfen, die von der Eignung des Kandidaten überzeugt sein müssen.
- Zudem gehen Unternehmen in China oftmals auch „hausgemachte" Recruiting-Risiken ein, wonach Kandidaten lediglich nach der kurzfristigen Passung ausgewählt werden, aber mittel- bis langfristige Risiken ausgeblendet bleiben. So werden Kandidaten beispielsweise im Auswahlprozess oftmals nicht hinsichtlich einer möglichen Abwanderungsgefahr überprüft. Letztere kann beispielsweise durch die Abfrage sozialer Rahmenfaktoren, die eine Abwanderung wahrscheinlich machen, analysiert werden. Gerade eine solche Abfrage ist hinsichtlich einer mittel- und langfristigen Bindung eines Kandidaten sehr wichtig. Denn nur ein geringer Teil der Chinesen plant, über mehrere Jahre außerhalb der Region zu leben, in der die Großfamilie angesiedelt ist. Bewirbt sich beispielsweise ein Kandidat aus Shanghai bei einem Unternehmen in Peking, ist die Wahrscheinlichkeit groß, dass er nach einiger Zeit wieder zurück nach Shanghai ziehen wird. Unternehmen sind daher gut beraten, nicht nur die kurzfristige Passung eines Kandidaten, sondern auch die mittel- und langfristige Eignung im Auswahlprozess zu berücksichtigen.

Die nachfolgenden Beispiele geben Einblick in die konkrete Praxis und zeigen, wie Recruiting-Risiken umgangen werden können.

> **Praxisbeispiel**
> Eine westliche Personalmanagerin, die seit drei Jahren als Expatriate in China arbeitet, schildert ihre Erfahrungen folgendermaßen:
>
> Als ich frisch in China ankam und die ersten Bewerbungsgespräche führte, ließ ich mich stark von den teilweise beeindruckenden akademischen Zeugnissen der chinesischen Bewerber leiten. Die Erfahrung allerdings hat mich gelehrt, dass darauf mitunter nicht allzu viel zu geben ist. Ich hatte auch schon Bewerbungsmappen von Absolventen chinesischer Topuniversitäten auf dem Schreibtisch liegen, die in der Praxis enttäuscht und bei Weitem nicht das geleistet haben, was ihr eindrucksvoller Lebenslauf auf den ersten Blick vermuten ließ. Inzwischen verlasse ich mich weniger auf die Papierform der Kandidaten als auf den persönlichen Eindruck, den meine Kollegen und ich von dem Kandidaten haben. Dabei haben wir auch gelernt, uns nicht von den Kandidaten blenden zu lassen, die hervorragend Englisch sprechen und damit einen kompetenteren Eindruck machen als andere Kandidaten, die uns mit gebrochenem Englisch begegnen. Wenngleich Englischkenntnisse die Kommunikation erleichtern, können sie nicht mit Fachkompetenz gleichgesetzt werden. Das waren für uns wichtige Lessons Learned.

Im Recruiting ist in jedem Fall sicherzustellen, dass der chinesische Kandidat sowohl fachlich als auch in Bezug auf seine sozialen und kulturellen Eigenschaften geeignet ist, für das westliche Unternehmen Mehrwert zu bringen und sich in die Organisations- und Teamstrukturen sowie in die Unternehmenskultur zu integrieren. Der erste Eindruck zählt bekanntlich sehr viel. Allerdings kommt es gerade in China oft vor, dass Kandidaten, die in der Vorauswahl aufgrund ihrer schriftlichen Bewerbungsunterlagen als interessante Kandidaten aufgefallen sind, im tatsächlichen Vorstellungsgespräch nicht mehr überzeugen konnten. Nachfolgendes Praxisbeispiel macht deutlich, wie im Vorstellungsgespräch die tatsächlichen Kompetenzen des Kandidaten überprüft werden können.

Praxisbeispiel
In Anzug und Krawatte erscheint Gong Li zum Vorstellungsgespräch bei einem Automobilunternehmen. Auf dem Tisch hat die lokale Personalerin gemeinsam mit einem Vertreter aus dem Fachbereich einen Elektromotor deponiert. Zunächst beginnt das Vorstellungsgespräch mit einem klassischen Interview, im welchem die lokale Personalerin dem Bewerber Fragen zu seinem akademischen und persönlichen Werdegang stellt. Darüber hinaus stellt sie auch Fragen zum Privatleben des Kandidaten, um ihn möglichst umfassend kennenzulernen. Gong Li ist gut vorbereitet und schildert schlüssig und in relativ gutem Englisch seinen bisherigen Weg und seine Motivation, für den Automobilhersteller arbeiten zu wollen. Er verweist dabei wiederholt auf die hervorragende Reputation seiner Hochschule und darauf, dass er zu den Top-20-Prozent seines Jahrgangs zählt. Auch wird deutlich, dass sich Gong Li über einen Bekannten, der bereits im Unternehmen beschäftigt ist, sehr genau über das Automobilunternehmen und die derzeitigen Herausforderungen des Unternehmens informiert hat. Dies lässt er geschickt in das Gespräch einfließen.

Dann wird Gong Li von dem Vertreter des technischen Fachbereichs zu einer „Arbeitsprobe" gebeten, indem er aufgefordert wird, an den Tisch mit dem Elektromotor heranzutreten. Er wird gebeten, zu erklären, wie der Elektromotor funktioniert. Gong Li befühlt den Motor kurz und voller Scheu und tritt sofort einen Schritt zurück. Auf heranführende und unterstützende Fragen des Fachbereichsvertreters, der ihm Fragen zu den einzelnen Elementen des Elektromotors stellt, reagiert Gong Li mit ausweichenden Erklärungen. Auch nach weiteren Hilfestellungen des Fachbereichsvertreters kann Gong Li mit dem Motor nicht viel anfangen. „Uns war sehr schnell klar, dass der frisch diplomierte Ingenieur keine Ahnung von Elektromotoren hat, auch wenn sein akademisches Zeugnis sowie sein letztes Praktikum darauf schließen lassen. Aber darauf darf man sich in China eben nicht in jedem Fall verlassen", so die Reaktion der erfahrenen Personalerin. Der Kandidat, der mit äußerst vielversprechenden Bewerbungsunterlagen angereist war, erhielt eine Absage.

In der Vorbereitung von Recruiting-Gesprächen ist darauf zu achten, dass insbesondere westliche Fachbereichsvertreter und Führungskräfte im Vorfeld gut auf das Führen von derartigen Gesprächen mit chinesischen Bewerbern vorbereitet werden. Dies umfasst entsprechendes Training und eine Sensibilisierung für die „Dos and Don'ts" beim Führen von Auswahl- und Mitarbeitergesprächen in arbeitsrechtlicher und kultureller Hinsicht. Dadurch wird zum einen sichergestellt, dass nur Fragen gestellt werden, die in China üblich und legal sind. Zum anderen kann so gewährleistet werden, dass das Unternehmen als Arbeitgeber einen guten Eindruck bei den Bewerbern hinterlässt.

2.5 Entsendung westlicher Expatriates versus Lokalisierung der Fach- und Führungspositionen in China

Bei der Besetzung von Fach- und Führungspositionen in China stellt sich für westliche Unternehmen zunächst die Grundsatzfrage: Soll ein Mitarbeiter aus der westlichen Unternehmenszentrale, ein sogenannter Expatriate, oder ein lokaler chinesischer Mitarbeiter eingesetzt werden? Diese Frage lässt sich nicht einheitlich für alle Unternehmen beantworten, da die Vor- und Nachteile einer jeweiligen Lösung vor dem Hintergrund der jeweiligen Aufgaben- und Umfeldspezifika zu nennen sind. Ferner ist die Verfügbarkeit geeigneter Mitarbeiter am chinesischen Arbeitsmarkt zu berücksichtigen. Es gibt Unternehmen, die insbesondere bei der Besetzung von Führungspositionen stark auf den Einsatz von westlichen Expatriates zurückgreifen. Hingegen bevorzugen andere Unternehmen einen hohen Prozentsatz an lokalen Führungskräften. Entlang dieser beiden Pole existieren Mischformen mit unterschiedlichen Ausprägungsgraden. Klar aber ist, dass der Aufbau sowie der Ausbau von Aktivitäten der westlichen Unternehmenszentrale in China gänzlich ohne Expatriates, welche die maßgeblichen Anforderungen, Prozesse und Gepflogenheiten der Zentrale gut kennen und eine hohe Loyalität und Verbundenheit zur Zentrale mitbringen, kaum möglich sind.

Westliche Expatriates sind in China schon seit einigen Jahren in den großen Ballungsgebieten wie Peking oder Shanghai keine exotischen Ausnahmeerscheinungen mehr. Derzeit sind über 300.000 ausländische Arbeitskräfte in China beschäftigt. Mit der wachsenden Anzahl westlicher Expatriates hat sich auch die Infrastruktur in Chinas Ballungsgebieten zunehmend auf die Bedürfnisse westlicher Expatriates eingestellt. Dies umfasst adäquate Wohnmöglichkeiten, entsprechende internationale Kindergärten und Schulen für die Kinder, internationale Supermärkte sowie eine medizinische Versorgung auf westlichem Niveau. Allerdings hat die große Mehrheit der chinesischen Städte bei Weitem noch nicht das Niveau von Peking und Shanghai erreicht.

Vor diesem Hintergrund sind westliche Unternehmen gut beraten, sich vor der Entsendung ihrer Expatriates ein realistisches Bild von der vorhandenen Infrastruktur am chinesischen Standort zu machen und gegebenenfalls als Arbeitgeber dafür zu sorgen, dass adäquate Bedingungen geschaffen werden. Beispielsweise hat sich die BMW Group an ihrem Produktionsstandort in Shenyang am Ausbau einer internationalen Schule beteiligt sowie in einem ausgewählten Krankenhaus einen Bereich mit deutschsprachigen Ärzten und westlichem medizinischen Niveau geschaffen. Denn auch wenn China sich in den letzten Jahren stark weiterentwickelt hat, stellt das Leben in China für Expatriates nach wie vor eine gewaltige Umstellung sowohl in privater als auch in beruflicher Hinsicht dar, die entsprechend gut von Arbeitgeberseite durch geeignete Rahmenbedingungen zu unterstützen ist.

Im Idealfall wird bei der Auswahl eines Standortes in China neben vielen weiteren Aspekten der Standortfrage auch immer mitberücksichtigt, wie die Lebens- und die Rahmenbedingungen für Expatriates am dortigen Standort sind. Je attraktiver der ausgewählte Standort in China ist, desto leichter wird es für Unternehmen sein, sehr gute Mitarbeiter als Expatriates an den chinesischen Standort zu entsenden.

In Folgenden wird zunächst auf die jeweiligen Vor- und Nachteile des Einsatzes von westlichen oder lokalen Mitarbeitern in China eingegangen (1). Im Anschluss daran wird beleuchtet, was bei der Auswahl und Vorbereitung von westlichen Expatriates für deren Einsatz in China zu beachten ist (2).

1. Expatriates versus lokale Mitarbeiter
Es gibt kein „richtig oder falsch" in Bezug auf die Entscheidung, ob es sinnvoller ist, einen Expatriate oder einen lokalen Mitarbeiter auf einer bestimmten Position in China einzusetzen. Es kommt immer auf die spezifischen internen und externen Anforderungen der Position sowie auf die Verfügbarkeit geeigneter Kandidaten an. Doch es sollte Arbeitgebern bewusst sein, dass der Einsatz von Expatriates und lokalen Mitarbeitern mit jeweiligen Vor- und Nachteilen verbunden ist, die bei jeder Stellenbesetzung gegeneinander abzuwägen und in Bezug auf die spezifischen internen und externen Anforderungen der Position zu überprüfen sind. Einen Überblick hierzu bietet die Abb. 2.3.

Die großen Vorteile von Expatriates sind, dass sie die Unternehmenszentrale gut kennen und ein persönliches Netzwerk zu Entscheidungsträgern in der Zentrale mitbringen. Dies kann die Umsetzung von Entscheidungen sowie den Informationsfluss maßgeblich verbessern und beschleunigen. Ferner können als Expatriates bevorzugt international erfahrene Kandidaten aus der Unternehmenszentrale ausgewählt werden, die ihre internationalen Erfahrungen in China einbringen. Allerdings ist der Einsatz von Expatriates auch mit einer Reihe von Nachteilen verbunden, die sorgfältig mit den Vorteilen abzuwägen sind.

In der Regel kann davon ausgegangen werden, dass der Großteil der Expatriates über bislang keine oder nur sehr geringe Vorkenntnisse der chinesischen Sprache und Kultur verfügt. Dies erschwert die reibungslose und unmissverständliche Kommunikation mit Mitarbeitern, Kollegen, Kunden und Lieferanten. Es ist daher oft notwendig, gut ausgebildete Dolmetscher hinzuzuziehen. Letztere allerdings sind oftmals nicht mit den spezifischen Fachbegriffen eines Unternehmens vertraut, sodass es auch mit Dolmetschern zu Verständigungsproblemen kommen kann. Ferner bleiben Expatriates aufgrund der sprachlichen Einschränkungen oftmals die Zwischentöne in chinesischen Diskussionen verborgen. Ein weiterer Nachteil von Expatriates liegt in den erhöhten Kosten, da Expatriate-Einsätze normalerweise mit einer Vielzahl an kostspieligen Zulagen verbunden sind. Weit verbreitet sind neben einem attraktiven Gehalt auch Zulagen für Wohnen, Kinderbetreuung, Dienstwagen und Heimflüge, die auch für mitreisende Familienmitglieder vom Arbeitgeber bezahlt werden.

Vorteile	Nachteile
Expatriate	
Gute Kenntnisse der Unternehmenszentrale,	I.d.R. geringe chinesische Sprach- und kulturelle Kenntnisse
I.d.R. gutes persönliches Netzwerk zu Entscheidungsträgern in der Unternehmenszentrale	I.d.R. kaum Kontakte zu lokalen Behörden und Institutionen, kein Netzwerk zu anderen relevanten chinesischen Stakeholdern
I.d.R. größerer Pool an international erfahrenen Kandidaten	Erhöhte Kosten (z.B. für Gehalt, Auslandszulagen, Reisekosten, Kosten für mitreisende Familienmitglieder)
I.d.R. höhere Loyalität oder Bleibebereitschaft	Hoher Anteil an Expatriates reduziert Aufstiegsmöglichkeiten für lokale Mitarbeiter
Lokaler Mitarbeiter	
Vertrautheit mit Sprache und Kultur	Geringere Kenntnisse der Unternehmenszentrale, z.B. der Kernprozesse, Entscheidungswege und Unternehmenskultur
Vertrautheit mit lokalen Marktgegebenheiten	Oftmals geringere internationale Erfahrung
Im Idealfall Kontakte zu relevanten Behörden und Institutionen	Oftmals Verständigungsprobleme mit der Unternehmenszentrale
I.d.R. geringere Kosten (gilt nicht für Managementebenen)	Oftmals erhöhte Wechselbereitschaft und Risiko des Wissensabflusses

Abb. 2.3 Vor- und Nachteile des Einsatzes von Expatriates und lokalen Mitarbeitern in China

Die großen Vorteile lokaler Mitarbeiter hingegen sind deren Vertrautheit mit der Sprache und der Kultur sowie mit lokalen Marktgegebenheiten, wie beispielsweise der geltenden Rechtslage, Kundenpräferenzen oder lokaler Wettbewerbsaktivitäten und -trends. Im Idealfall bringen lokale Mitarbeiter auch persönliche Kontakte zu relevanten Stakeholdern, wie beispielsweise zu Behörden, Kunden, Lieferanten oder potenziellen Bewerbern mit. Auch ist es nach wie vor so, dass lokale Mitarbeiter dem Arbeitgeber in der Regel geringere Kosten verursachen als Expatriates.

Diesen Vorteilen stehen einige Nachteile eines Einsatzes lokaler Mitarbeiter gegenüber. So sind deren Kenntnisse der westlichen Unternehmenszentrale naturgemäß geringer ausgeprägt. Dies schließt die Kenntnis der zentralen Unternehmensprozesse, Entscheidungswege und der Unternehmenskultur mit ein, was zu Hindernissen in der Zusammenarbeit mit der Unternehmenszentrale führen kann. Hinzu kommt, dass der Markt an international erfahrenen lokalen Mitarbeitern eng bemessen ist, sodass die Mehrheit der lokalen Mitarbeiter über keine oder nur geringe Berufserfahrung im internationalen Kontext verfügt. Gegebenenfalls muss damit gerechnet werden, dass lokale Mitarbeiter eine geringere Bindung an das westliche Unternehmen verspüren als westliche Expatriates, die seit vielen Jahren die Unternehmenszentrale kennen und dort verwurzelt sind. So gibt es eine Reihe westlicher Unternehmen, die auf erfolgskritische

Positionen nur deshalb westliche Expatriates einsetzen, weil sie loyale und beständige Mitarbeiter auf jenen Positionen mit einer hohen Bindung an das Unternehmen benötigen.

Die Entscheidung, wie das quantitative Verhältnis aus Expatriates und lokalen Mitarbeitern ist, muss jedes Unternehmen in Abhängigkeit der unternehmensspezifischen Vor- und Nachteile fällen. Gerade beim Aufbau des Geschäfts in China oder beim Ausbau von zusätzlichen Unternehmenseinheiten ist es zumeist sinnvoll, in der Anfangszeit zunächst eine höhere Anzahl an Expatriates nach China zu entsenden. Sobald das Geschäft im Regelbetrieb angelaufen und zentrale Prozesse etabliert worden sind, sollte die Anzahl der Expatriates in China jedoch Schritt für Schritt reduziert werden.

In diesem Kontext müssen sich westliche Unternehmen darüber im Klaren sein, dass chinesische Mitarbeiter oft die beachtlichen Unterschiede in der Entlohnung zwischen Expatriates und lokalen Mitarbeitern als ungerecht und nicht angebracht empfinden. Dies kann zu Problemen im Arbeitsklima und in der Zusammenarbeit führen, da das Gefühl einer „Zwei-Klassen-Gesellschaft" entstehen kann. So sollten Unternehmen bemüht sein, nur sehr gute Kandidaten als Expatriates nach China zu entsenden, die sich dort in vorbildlicher Form verhalten und die erwarteten Leistungsergebnisse erzielen, welche die hohen Kosten für einen Expatriate-Einsatz rechtfertigen. Schon aus Kostengründen muss das Auslandsengagement westlicher Unternehmen gegenüber lokalen chinesischen Firmen konkurrenzfähig sein. Dies ist nachhaltig nur schwer zu erreichen, wenn die Gehälter von westlichen Expatriates die Gesamtkosten dauerhaft in die Höhe treiben.

Eine Reihe von westlichen Unternehmen haben es trotz attraktiver Anreizpakete für Expatriates schwer, gute Kandidaten nach China zu entsenden. Viele geeignete Kandidaten wären zwar an einem Einsatz interessiert, geben aber familiäre Gründe an, warum sie nicht nach China ziehen können. Dies gestaltet sich umso schwerer, je unattraktiver der Standort in China aus Sicht westlicher Mitarbeiter eingeschätzt wird. Westliche Unternehmen können sich damit behelfen, nicht nur mehrjährige Expatriate-Einsätze, sondern auch kürzere, dafür regelmäßige Einsatzmöglichkeiten vor Ort in China anzubieten. Gerade beim Aufbau von Geschäftsaktivitäten können auch zeitlich befristete Einsätze von Mitarbeitern aus der Zentrale in Form von mehrwöchigen Dienstreisen, die in regelmäßigen Abständen stattfinden, oder Abordnungen unter einem Jahr sinnvoll sein.

Wie bereits angesprochen, kommen auf westliche Expatriates in China eine Reihe von Herausforderungen zu, sodass es sinnvoll ist, attraktive Leistungs- und Vergütungspakete anzubieten. Besonders wichtig ist, dass möglichst frühzeitig die Rückkehr und Reintegration in die Zentrale geplant und vorbereitet wird, damit ein erfolgreicher Einsatz in China im Idealfall zu einer positiven Entwicklung der Karriere und nicht zu einem Karriereknick führt. Nur durch positive Beispiele der gelungenen Reintegration erfolgreicher Expatriates auf geeignete Funktionen in der Zentrale kann sichergestellt werden, dass sich auch in Zukunft gute Kandidaten aus der Zentrale für einen Einsatz in China interessieren werden.

Grundsätzlich sollten sich Arbeitgeber, die dauerhaft in China Fuß fassen wollen, davon lösen, die Planung und Umsetzung der Herausforderungen in China vom Westen aus sowie mit mehrheitlich westlichen Mitarbeitern und Führungskräften steuern zu wollen. Aus diesem Grund sollte bei einem langfristig angelegten Engagement in China der Grundsatz angewendet werden, dass Expatriates aus den westlichen Unternehmenszentralen nur in solchen Bereichen einzusetzen sind, wo ihre Kompetenzen unbedingt benötigt werden und nicht durch lokale Arbeitskräfte erbracht werden können. Langfristig ist es vor dem Hintergrund nachhaltiger Lösungsansätze ratsam, systematisch eine lokale Führungsmannschaft aufzubauen. Neben Kosteneffekten sprechen auch wesentliche inhaltliche Gründe für eine stärkere Lokalisierung des Managements:

- Der chinesische Markt und die Rahmenbedingungen für Unternehmen erfordern in hohem Maße, dass sich westliche Unternehmen an den lokalen Markt anpassen müssen, was unter Umständen die Entwicklung eines ganz neuen Geschäftsmodells erforderlich machen kann. Darüber hinaus ist China ein riesiges und sehr vielfältiges Land. Das bedeutet, dass das Kundenverhalten und damit auch die Produkte in unterschiedlichen Landesteilen variieren können. Dies erfordert umso mehr ein lokales Fingerspitzengefühl, was naturgemäß eher bei lokalen als bei westlichen Mitarbeitern und Führungskräften vorliegt.
- Darüber hinaus sind in China die Bedeutung persönlicher Beziehungen und die politische Einflussnahme von Führungskräften zum Durchsetzen von Entscheidungen nicht zu unterschätzen. Durch ihr persönliches Beziehungsnetzwerk haben chinesische Mitarbeiter und Führungskräfte oftmals die Möglichkeit, kritische Entscheidungen durchsetzen zu können oder wettbewerbsrelevante Informationen zu erhalten, wie beispielsweise Hinweise zu anstehenden Änderungen der gesetzlichen Rahmenbedingungen oder drohende Wettbewerbsaktivitäten. Derartige Einflussmöglichkeiten besitzen westliche Führungskräfte vor Ort in China in der Regel kaum oder nur in begrenztem Maße.

Eine Reihe von Unternehmen haben daher unter dem Schlagwort „Empowering Locals" Maßnahmen initiiert, Entwicklungsprogramme für lokale Mitarbeiter und Führungskräfte aufzusetzen, um sie an anspruchsvollere Aufgaben heranzuführen. Dies wird am nachfolgenden Best-Practice-Beispiel deutlich.

Best-Practice-Beispiel
Die Robert Bosch GmbH strebt in China an, bis zur Ebene des Gruppenleiters ca. 90 % der Positionen mit lokalen Mitarbeitern zu besetzen. Ab der Abteilungsleiterebene – also eine Ebene über dem Gruppenleiter – soll der Anteil lokaler Mitarbeiter mindestens 80 % betragen. Auf der Basis dieser Zielwerte wird die zunehmende Lokalisierung des Managements vor Ort vorangetrieben und systematisch erfasst. Dies schafft entsprechende interne Entwicklungsperspektiven für qualifizierte chinesische Mitarbeiter und wirkt sich positiv auf die nachhaltige Bindung und Motivation von Potenzialträgern aus. Zudem ist damit ein klares Signal

> an die lokale Belegschaft verbunden, dass das Unternehmen der Besetzung von Stellen durch lokale Mitarbeiter auf allen Ebenen eine wichtige Bedeutung beimisst.

Eine erfolgreiche und nachhaltige Lokalisierung des Managements in China ist ein Prozess, der nicht von heute auf morgen umzusetzen ist, sondern viel Zeit braucht. Denn eine steigende Lokalisierung der Belegschaft und insbesondere der Führungsmannschaft vor Ort bringt stets auch einige Risiken mit sich. Daher ist der Prozess der Lokalisierung immer sukzessive und kontrolliert zu gestalten. Gleichzeitig empfiehlt es sich, möglichst frühzeitig mit dem Aufbau eines lokalen, kompetenten Nachwuchs- und Führungskräfteteams zu beginnen. Um lokale Nachwuchs- und Führungskräfte für die Anforderungen auf weiterführende Fach- und Führungspositionen vorzubereiten, greift eine Reihe von Unternehmen gezielt auf spezifische Qualifizierungsprogramme sowie auf internationale Abordnungen mit Einsätzen in der westlichen Unternehmenszentrale sowie in anderen Auslandsstandorten zurück. Neben dem Ausbildungseffekt können damit auch positive Effekte im Hinblick auf die Wertschätzung der lokalen Mitarbeiter und die Erhöhung von deren Motivation und Bindung zum Unternehmen erreicht werden.

2. Auswahl und Vorbereitung der Expatriates für den China-Einsatz
Bei der Auswahl der entsandten Expatriates sind neben fachlichen Qualifikationen insbesondere auch soziale und interkulturelle Kompetenzen zu berücksichtigen. Dies gilt vor allem dann, wenn die Expatriates chinesische Mitarbeiter führen sollen. Denn dann sind ausgeprägtes interkulturelles Fingerspitzengefühl sowie eine Vorbereitung in Bezug auf ihre neue Führungsrolle in China unerlässlich. Gleiches gilt, wenn die Expatriates wesentlichen Außenkontakt zu zentralen chinesischen Stakeholdern wie Kunden, Lieferanten und Behörden pflegen. Gerade in China spielen kulturadäquate Umgangsformen für gelingende soziale Beziehungen, die gerade in China oftmals erfolgsentscheidend sind, eine große Rolle.

In keinem Fall sollte China als ein „Entsorgungsstandort" für westliche Führungskräfte gesehen werden, für die man in der Zentrale aktuell keine Verwendung findet, die nicht vollständig ausgelastet sind oder von denen man froh ist, dass sie vorerst „vom Hof" sind. Besonders wenn das Chinageschäft einen wesentlichen Beitrag zum Unternehmenserfolg leistet und einen der bedeutendsten Zukunftsmärkte darstellt, wäre es fahrlässig, „die zweite Garde" nach China zu entsenden. Vielmehr ist darauf zu achten, dass gerade die herausragenden Mitarbeiter mit besonderer fachlicher und kultureller Eignung nach China entsandt werden.

Sehr oft passiert es, dass der Bedarf westlicher Unternehmen an Expatriates in China und der operative Druck vor Ort so groß sind, dass Unternehmen in ihrer Not auch solche Kandidaten nach China entsenden, die zwar fachlich, jedoch nicht von ihren sozialen und kulturellen Kompetenzen für einen Einsatz in China geeignet sind. Dies kann erhebliche negative Konsequenzen nach sich ziehen, wie beispielsweise ein verschlechtertes

Arbeitsklima, das Kündigen chinesischer Mitarbeiter oder ausbleibender Erfolg des Expatriates vor Ort. Daher sollten Unternehmen bei der Auswahl eines jeden Expatriates für China bewusst die fachliche und die kulturelle Eignung überprüfen.

Sind geeignete Expatriates für China ausgewählt, sind diese durch ihren Arbeitgeber für ihren Einsatz in China vorzubereiten. Hierfür sollte die Zentrale entsprechende Mittel und Möglichkeiten bereitstellen. Auch wenn derartige Vorbereitungsmaßnahmen mit entsprechenden Kosten einhergehen, stellen sie eine sinnvolle Investition dar. Denn die Vorteile einer guten Vorbereitung der Expatriates liegen klar auf der Hand:

- Zum einen kann dadurch die Einarbeitungszeit der Expatriates verringert werden. Experten schätzen die Einarbeitungszeit westlicher Mitarbeiter in China bis zum Erreichen ihres persönlichen Wirkungspotenzials auf 18 bis 24 Monate. Diese Zeit ist erforderlich, um das neue fachliche und soziale chinesische Umfeld zu verstehen, sich ein persönliches Netzwerk mit chinesischen Vertrauenspersonen aufzubauen und komplexe Zusammenhänge des chinesischen internen und externen Unternehmensumfelds zu begreifen. Ein Großteil der Expatriate-Einsätze endet allerdings nach drei Jahren, was bedeutet, dass erst im letzten Jahr das persönliche Wirkungspotenzial voll ausgeschöpft werden kann. Diese Zeit bis zum Erreichen dieses Wirkungspotenzials kann durch gezielte Vorbereitungsmaßnahmen wesentlich verkürzt werden.
- Ferner kann durch geeignete Vorbereitungsmaßnahmen die Arbeitsproduktivität der Expatriates erhöht werden. Denn die anfängliche Arbeitsproduktivität westlicher Mitarbeiter ist nach Dienstantritt in China in der Regel noch nicht allzu hoch, da sie sich zunächst ihr neues Arbeitsumfeld erschließen müssen. Die Arbeitseffizienz kann wesentlich erhöht werden, wenn jenen Mitarbeitern vorab möglichst viele relevante Informationen bereitgestellt und wichtige Zusammenhänge erläutert werden.
- Darüber hinaus können geeignete Vorbereitungsmaßnahmen auch zur Verbesserung der Akzeptanz der Expatriates beitragen. Gerade in China stehen Expatriates aufgrund des stark ausgeprägten Gehaltsgefälles zu lokalen chinesischen Mitarbeitern oftmals unter strenger Beobachtung. Denn lokale Mitarbeiter hegen ein Interesse an der Frage, ob der westliche Expatriate denn auch sein hohes Gehalt wert sei. Je besser daher ein Expatriate schon vorab auf seinen Einsatz vorbereitet wird und die neuen Anforderungen vor Ort erfüllt, desto höher ist die Wahrscheinlichkeit, dass dieser von lokalen Mitarbeitern und Kollegen akzeptiert wird.

Der Fokus der Vorbereitungsmaßnahmen sollte nicht allein auf Sprach- und interkulturelle Trainings beschränkt sein. Vielmehr sind spezifische Vorbereitungsmaßnahmen auf die jeweiligen Herausforderungen der Aufgaben in China anzubieten, beispielsweise auf die besonderen Anforderungen an einen Einkäufer oder Vertriebsmanager vor Ort. Die Vorbereitungstrainings sollten so praxisnah wie möglich ausgerichtet sein und betriebswirtschaftliche, kulturelle und rechtliche Schwerpunktthemen vermitteln. Dabei kann auf bereits in China erfahrene Expatriates oder auch auf lokale Mitarbeiter zurückgegriffen werden. Diese können sowohl in die Konzeption der Vorbereitungsmaßnahmen als auch in die Durchführung der Trainings eingebunden werden.

Wenn Expatriates disziplinarische Führungsaufgaben in China übernehmen sollen, sind spezielle Vorbereitungskurse zur Führung chinesischer Mitarbeiter empfehlenswert, um die westlichen Führungskräfte auf ihre neue Führungsrolle vor Ort sowie den chinesischen Führungskontext vorzubereiten.[4] Sinnvoll ist auch, nicht nur den Expatriate selbst, sondern auch die mitreisende Familie in das Vorbereitungstraining einzubinden. Denn das erfolgreiche Gelingen eines Expatriate-Einsatzes hängt auch in einem hohen Ausmaß davon ab, wie zufrieden und damit wie stabil das mitreisende familiäre Umfeld ist.

Auch Auslandschinesen, beispielsweise aus Singapur, Malaysia oder den USA, sollten ein entsprechendes Vorbereitungstraining für die Arbeit in der Volksrepublik China durchlaufen. Denn auch wenn Auslandschinesen mit vielen chinesischen Gepflogenheiten vertraut sind, bringen sie nicht die gleichen Denk- und Verhaltensmuster wie lokale Mitarbeiter mit und sind entsprechend an die neuen Herausforderungen heranzuführen.

---

[4]Vgl. hierzu Teil II.

3 Chinesische Mitarbeiter entwickeln und fördern (Develop)

Zusammenfassung

Herausragende Talente werden immer ihren Weg machen, denn genau das zeichnet sie aus. Dies gilt grundsätzlich überall und im Speziellen auf Arbeitsmärkten wie in China, wo der Wettbewerb um herausragende Talente und qualifizierte Mitarbeiter deutlich intensiver ist als woanders. Talente und qualifizierte Mitarbeiter gibt es in China nämlich nicht von der Stange. Vielmehr müssen diese durch das Unternehmen zielgerichtet ausgebildet und an die unternehmensspezifischen Anforderungen durch geeignete Trainings- und Qualifizierungsformate herangeführt werden. Dies schließt die gezielte Planung unternehmensinterner Werdegänge mit ein. In diesem Kontext kommt der Auswahl der Mitarbeiter und deren Zuordnung zu geeigneten Stellen eine wichtige Bedeutung zu.

Bei der Ausgestaltung seiner Entwicklungs- und Fördermaßnahmen für chinesische Mitarbeiter muss sich ein Unternehmen folgende Fragen stellen muss:

- Sind wir im Unternehmen so aufgestellt, dass herausragende chinesische Talente ihren Weg bei uns gehen möchten?
- Haben wir eine entsprechende entwicklungsfördernde Unternehmenskultur sowie ein entsprechendes „Mindset" bei den Führungskräften etabliert?
- Identifizieren wir systematisch die chinesischen Leistungs- und Potenzialträger. Fördern und fordern wir sie entsprechend?
- Bieten wir jenen Talenten attraktive Lern- und Weiterentwicklungsmöglichkeiten an?
- Haben chinesische Kandidaten die Möglichkeit, bei entsprechender Leistung perspektivisch eine weiterführende Position zu übernehmen, auf der gegenwärtig ein Expatriate eingesetzt ist?
- Führen wir in regelmäßigen Abständen Gespräche zur persönlichen Entwicklung der Kandidaten und realisieren geleistete Entwicklungsversprechen?

- Gehen wir auf individuelle Entwicklungsbedarfe der Mitarbeiter ein und bieten individuelle Entwicklungswege an?

Unternehmen, die diese Fragen mehrheitlich bejahen können, sind auf einem guten Weg, qualifizierte chinesische Talente nachhaltig zu entwickeln und an sich zu binden. Dies stellt eine enorm wichtige Aufgabe dar.

3.1 Auswahl von chinesischen Mitarbeitern für interne Stellenbesetzungen

Die möglichst passgenaue Auswahl von Mitarbeitern für die Besetzung interner Stellen ist in China enorm wichtig. Nicht nur die fachliche, sondern auch die soziale Eignung der Mitarbeiter ist dabei sicherzustellen. Dies gilt auch für den richtigen Zeitpunkt in der persönlichen Entwicklung eines chinesischen Mitarbeiters, um diesen auf eine weiterführende Stelle, beispielsweise eine Führungsposition, zu setzen. Denn wenn sich in China nach einer Stellenbesetzung herausstellt, dass ein Mitarbeiter die gestellten Anforderungen (noch) nicht erfüllen kann, ist es aus Gründen des Gesichtsverlusts nahezu unmöglich, den Mitarbeiter von der Funktion zu entbinden und vorübergehend auf eine andere Stelle zu versetzen. So führen derartige Stellenbesetzungen in der Regel zur Kündigung des Mitarbeiters, weil dieser sein Gesicht wahren möchte. Zu bedauern ist dies bei denjenigen Mitarbeitern, die eigentlich Leistungsträger sind, aber einfach zu früh zu viel Verantwortung übertragen bekommen haben.

Bei der Auswahl von chinesischen Mitarbeitern für interne Stellenbesetzungen kommt es bei westlichen Arbeitgebern häufig zu den nachfolgend beschriebenen wiederkehrenden Fehlern, die es zu vermeiden gilt, um Folgekosten zu vermeiden. Jene Fehler werden insbesondere bei jungen Talenten mit großem Entwicklungspotenzial, d. h. bei High Potentials, gemacht und sind daher besonders schmerzlich.

- Oft wird der Fokus bei Auswahlentscheidungen chinesischer Mitarbeiter zu stark von der gegenwärtigen Leistung und zu wenig von dem Potenzial für weiterführende Aufgaben abhängig gemacht. So leiten Führungskräfte aus einer starken Leistung auf der gegenwärtigen Stelle ab, dass der Mitarbeiter auch Potenzial für neue, anspruchsvollere Aufgaben besitze. Mit anderen Worten: Ein „High Performer" wird mit einem „High Potential" gleichgesetzt. Das ist in China ein verbreiteter, dennoch aber großer Fehler, der zu Enttäuschungen sowohl auf Arbeitgeber- als auch auf Mitarbeiterseite mit entsprechendem Gesichtsverlust führen kann. Daher sollten für die Besetzungsentscheidung eines Mitarbeiters auf eine neue Stelle in jedem Fall die Dimensionen „gegenwärtige Leistung" und „weiterführendes Potenzial" additiv zueinander berücksichtigt werden. Gerade für die Besetzung von Führungspositionen sollte im Idealfall auf ein durchgängig angewendetes Kompetenzmodell zurückgegriffen werden. Auf dieser Basis können Besetzungsentscheidungen entlang eines transparenten, übergreifend

gültigen und verschiedene Leistungs- und Potenzialdimensionen umfassenden Analyserasters gefällt werden.
- Ein weiterer Fehler besteht in China darin, dass es oftmals keinen einheitlichen internen Auswahlprozess entlang definierter Auswahlschritte und -kriterien gibt. Zu oft werden interne Auswahlentscheidungen von Führungskräften aus dem Bauch heraus getroffen und lassen damit ein hohes Maß an Subjektivität zu. Sehr oft werden in China auch „Günstlinge" wie etwa Familienmitglieder, Freunde, Bekannte aus der gleichen Heimatregion oder ehemalige Studienkollegen bevorzugt behandelt. Daher empfiehlt sich gerade in China ein verbindlicher, transparenter und auf dem Mehr-Augen-Prinzip beruhender interner Auswahlprozess. In jenem muss klar definiert sein, zum einen welche Stellen, zum Beispiel Fachstelle und Personalabteilung, und zum anderen welche Rollen, zum Beispiel disziplinarische Führungskraft und Personalreferent, eingebunden sind. Ferner müssen die jeweilgen Entscheidungsbefugnisse der beteiligten Stellen und Rollen klar definiert sein. Die dem Auswahlprozess zugrunde gelegten Auswahlkriterien müssen so gestaltet sein, dass sie möglichst objektiv einschätzbar sind, indem sie auf Basis gezeigter Verhaltensbeispiele des Mitarbeiters beurteilbar sind. Ferner müssen die Auswahlkriterien aus den Anforderungen von bestimmten Hierarchieebenen abgeleitet sein, sodass es differenzierte, im Idealfall stimmig aufeinander aufbauende Auswahlkriterien pro Ebene gibt.
- Ein weiterer häufiger Fehler bei Auswahlentscheidungen ist, dass insbesondere westliche Führungskräfte dazu tendieren, Eloquenz chinesischer Mitarbeiter im Englischen oder Deutschen und ein westliches Auftreten mit Potenzial und guter Leistung gleichzusetzen. Diese Beurteilungstendenz sollten sich westliche Führungskräfte im Vorfeld von Auswahlentscheidungen bewusst machen. Ferner gilt, dass auch bei derartigen Mitarbeitern die definierten Auswahlkriterien und der Auswahlprozess anzuwenden sind, um eine möglichst objektive Auswahlentscheidung fällen zu können.
- Allzu oft passiert es auch, dass für die Besetzung von Führungspositionen in China Kandidaten ausgewählt werden, die aus Sicht der westlichen Unternehmenszentrale geeignete Führungspersönlichkeiten darstellen. Dies sind jedoch nicht immer Personen, die auch in einem chinesischen Kontext als geeignete Führungspersönlichkeiten wahrgenommen werden. Daher sollte bei der Auswahl von Führungskräften für China immer die zentrale Frage im Fokus stehen, ob die ausgewählte Person in China erfolgreich und akzeptiert sein wird.
- Vielfach werden Leistungs- und Potenzialträger mit ausgeprägten Karriereambitionen auch zu schnell befördert und ihnen dadurch zu früh zu große Verantwortung übertragen. Dieser Fehler wird besonders oft in jenen Unternehmen gemacht, die stark wachsen und nicht ausreichend geeignete Führungskräfte intern verfügbar haben. Oftmals leisten sehr ambitionierte chinesische Mitarbeiter ihren persönlichen Beitrag zu verfrühten Beförderungen auf der Karriereleiter, da sie offen ihre Ambitionen kommunizieren und teilweise auch mit dem Druckmittel eines möglichen Arbeitgeberwechsels forcieren. Doch sollte auch bei High Potentials der Grundsatz gelten, dass Eignung und Qualität vor Geschwindigkeit der Entwicklung stehen sollten.

Um die dargestellten Fehler bei der Auswahl von Mitarbeitern zu vermeiden, lohnt es sich, einen sorgfältigen internen Auswahlprozess und Auswahlkriterien zu entwickeln. Dies beugt nicht nur Auswahlfehlern vor, sondern schafft auch Transparenz hinsichtlich der Anforderungen, die an die Mitarbeiter für ihre unternehmensinterne Entwicklung und Karriere gestellt werden. Eine Reihe von westlichen Unternehmen sind inzwischen dazu übergegangen, interne Assessment-Center mit klar definierten Auswahlkriterien in ihren internen Auswahlprozess zu integrieren und damit ihre Personalentscheidungen auf eine möglichst objektive Beurteilungsbasis zu stellen. Wichtig dabei ist, dass ein solches internes Assessment-Center gerade in China, wo Gesichtsverlust der Mitarbeiter in jedem Fall zu vermeiden ist, keine internen Verlierer generiert. Selbst diejenigen Kandidaten, die zunächst nicht für weiterführende Stellen oder Führungspositionen ausgewählt werden, sollten ein faires und wertschätzendes Feedback zu ihrer Leistung und zu ihrem Potenzial erhalten. Dieses Feedback wird idealerweise an daraus abgeleitete Trainings- und Qualifizierungsmaßnahmen gekoppelt, sodass allein die Teilnahme an einem solchen internen Assessment-Center für die Mitarbeiter mit einer persönlichen Weiterentwicklung und -qualifizierung verbunden ist.

Für westliche Führungskräfte, die chinesische Mitarbeiter für ihre Teams auswählen oder deren Potenzial für den weiteren Werdegang im Unternehmen beurteilen, ist es stets empfehlenswert, sich durch chinesische Personaler oder erfahrene chinesische Führungskräfte beraten zu lassen.

3.2 Karriereerwartungen chinesischer Mitarbeiter und Gestaltung geeigneter Karrierewege

Wichtig bei der Gestaltung geeigneter Karrierewege ist, dass Arbeitgeber die Karriereerwartungen und Bedürfnisse chinesischer Mitarbeiter richtig einschätzen. Auf dieser Basis können dann Möglichkeiten eruiert und gestaltet werden, wie individuelle Karriereerwartungen der chinesischen Mitarbeiter mit den Karrieremöglichkeiten im Unternehmen in Einklang zu bringen sind. Dabei ist gerade in China zu beachten, dass dort aufgrund des gesellschaftlichen Wertegefüges am liebsten jeder Manager sein, ein großes Gehalt beziehen und möglichst viele Mitarbeiter führen möchte. Denn dies gilt im chinesischen Wertesystem als äußerst erstrebenswert. Es verleiht nicht nur dem betroffenen Mitarbeiter selbst, sondern auch seiner ganzen Familie Gesicht. Allerdings muss stets gewährleistet sein, dass die Karriereerwartungen der Mitarbeiter nur im Einklang mit den Bedarfen des Unternehmens erfüllt werden sollten. Nachhaltig erfolgreich wird die Planung von Karrierewegen nur dann sein, wenn sowohl den Mitarbeiter- als auch den Unternehmensbedürfnissen Rechnung getragen wird und damit beide Interessenlagen in Einklang gebracht werden können.

Sinnvoll ist, die Erhebung der Karriereerwartungen der chinesischen Mitarbeiter sowie darauf aufbauend die entsprechende Möglichkeit zur Gestaltung von Karrierewegen in einen fest institutionalisierten Prozess zu integrieren. Dies kann beispielsweise in Form eines jährlich stattfindenden Mitarbeitergesprächs erfolgen. In diesem wird der Mitarbeiter von seiner Führungskraft ermuntert, seine Vorstellungen über seine weitere berufliche Entwicklung zu reflektieren und mit seiner Führungskraft zu besprechen. Der Vorgesetzte nimmt in diesem Gespräch die Rolle eines Karrierecoachs an. Das heißt, er gibt dem Mitarbeiter Feedback zu seinen eigenen Einschätzungen bezüglich seiner gezeigten Leistung und seinem Potenzial und gibt Rückmeldung, welche Entwicklungsmöglichkeiten das Unternehmen zu bieten hat.

Um den Mitarbeiter in seinen Reflexionen zu unterstützen, empfiehlt sich eine sorgfältige Vorbereitung der Führungskraft im Hinblick auf mögliche Entwicklungswege im Unternehmen und konkrete nächste Schritte. Dies erfordert eine vorgelagerte enge Abstimmung mit der Personalabteilung. Dabei ist Folgendes zu beachten: In der Regel stehen chinesische Mitarbeiter einem Gespräch bezüglich ihrer persönlichen Karriereerwartungen offen gegenüber. Sie erfahren es als eine Wertschätzung, nach ihren Bedürfnissen und persönlichen Vorstellungen zu ihrer weiteren beruflichen Entwicklung gefragt zu werden. Allerdings sollten westliche Führungskräfte berücksichtigen, dass es chinesischen Mitarbeitern der älteren Generation möglicherweise schwerfallen könnte, ihre eigenen Karriereerwartungen in Worte zu fassen. Denn der Umstand, dass chinesische Mitarbeiter zu eigenen persönlichen Karriereerwartungen befragt und ermuntert werden, ist eine recht neue Entwicklung. Bis weit in die 1980er Jahre bestand für chinesische Arbeitnehmer kaum eine Wahlmöglichkeit bezüglich ihres Karrierewegs. So wurden Universitätsabsolventen in der Regel ein Angebot von einem konkreten Arbeitgeber vorgelegt, das diese anzunehmen hatten. Auch die betriebsinterne Weiterentwicklung wurde ihnen zugewiesen.

Insbesondere die jüngere Generation chinesischer Mitarbeiter aber erwartet es inzwischen, in regelmäßigen Abständen zu ihren Karriereerwartungen befragt zu werden. Westliche Arbeitgeber sind in China gut beraten, für sehr gute Mitarbeiter mit weiterreichendem Potenzial auch schnellere Beförderungsschritte auf die nächste Ebene zuzulassen, sofern der Mitarbeiter in der Lage ist, die neuen Anforderungen möglichst bald zu erfüllen.

3.3 Qualifizieren und Weiterbilden chinesischer Mitarbeiter

Normalerweise haben Unternehmen, die in China Fach- und Führungskräfte mit einem hohen Spezialisierungsgrad in einem bestimmten Bereich suchen, keine andere Wahl, als jene intern zu qualifizieren und an die spezifischen Anforderungen konkreter Funktionen heranzuführen. Das Einstellen neuer Mitarbeiter auf vakante Fach-und Führungspositionen mit sofortiger Erfüllung der gestellten Anforderungen im Sinne eines „Plug & Plays" dürfte in China eher die Ausnahme sein. Dies liegt mitunter daran, dass es in China bislang kein vergleichbares Ausbildungssystem wie in westlichen Industrienationen gibt. Beispielsweise gibt es kein flächendeckendes System einer dualen Hochschul- oder Berufsausbildung aus Theorie- und Praxiselementen, das eine ausbalancierte und praxisnahe Ausbildung gewährleistet. Die gegenwärtige Reform des Bildungssystems arbeitet hier an Verbesserungen, die jedoch erst in einigen Jahren zu spüren sein werden. So ist die Ausbildung in China nach wie vor sehr theoretisch ausgerichtet und bereitet Lehrlinge und Hochschulabgänger aus Unternehmenssicht eher unzureichend auf die Anforderungen im Berufsalltag vor.

Betrachtet man das Bildungssystem der Volksrepublik China im Vergleich zu dem in Deutschland, so besteht der grundlegende Unterschied im Stellenwert der Praxis. Während sich in Deutschland sowohl die berufliche Bildung als auch die Hochschulbildung eng an der unternehmerischen Praxis ausrichten, ist in China die Berufs- und Hochschulausbildung im Durchschnitt relativ weit von der unternehmerischen Praxis entfernt. Denn das Bildungssystem Chinas baut auf einer Jahrtausende alten Tradition des repetitiven Lernens auf. Dieses spiegelt sich vor allem im chinesischen Schriftsystem wider, welches tägliches Training von Kindesalter an erfordert. Das chinesische Ausbildungssystem ist insgesamt so gestaltet, dass die Schüler und Studenten stille Zuhörer sind und den Vorlesungsstoff auswendig lernen. Antworten werden vorgegeben und das kritische, selbstständige Denken sowie die Entwicklung von Problemlösungsfähigkeiten werden kaum vermittelt. Konkret bedeutet dies, dass die Absolventen chinesischer Hochschulen zwar über sehr viel detailliertes und zu großen Teilen auswendig gelerntes Fachwissen verfügen. Allerdings sind ihr Systemdenken und ihr Abstraktionsvermögen nicht sehr stark ausgeprägt, da diese Art des Denkens nicht durch das Ausbildungssystem gefördert wird. Eine chinesische Führungskraft drückte diesen Umstand wie folgt aus: „Wir produzieren an unseren Hochschulen Weltklasse-Prüflinge am Fließband, aber wir neigen dazu, Eigeninitiative und Kreativität zu ersticken."

Vor diesem Hintergrund sind die meisten westlichen Arbeitgeber gefordert, die chinesischen Mitarbeiter flankierend innerbetrieblich auszubilden und zu qualifizieren. Allerdings werden die in der westlichen Unternehmenszentrale bewährten Ausbildungs- und Qualifizierungsprogramme sowie -formate für chinesische Nachwuchskräfte sehr wahrscheinlich nicht fruchten. Vielmehr ist es sinnvoll, die Qualifizierungsmaßnahmen an den Spezifika chinesischer Mitarbeiter auszurichten. Denn chinesische Nachwuchskräfte, die gerade ihre Berufs- bzw. Hochschulausbildung abgeschlossen haben, zeichnen sich oftmals durch eine recht eigenwillige Mischung aus geringen praxisnahen Kompetenzen und praktischen Erfahrungen einerseits und einem hohen Lern- und Wissenseifer sowie dem dringenden Wunsch nach einer möglichst raschen persönlichen Weiterentwicklung andererseits aus. Um diesen Bedürfnissen gerecht zu werden, bieten viele westliche Unternehmen ein Portfolio unterschiedlicher Einstiegsoptionen für chinesische Mitarbeiter in das Unternehmen an. Eine zunehmende Verbreitung finden Traineeprogramme, in welchen chinesischen Absolventen auf der Basis von mehrwöchigen Einsätzen in unterschiedlichen Abteilungen die grundlegenden Prozesse des Unternehmens kennenlernen. Flankierend erhalten sie Qualifizierungs- und Trainingsmaßnahmen sowie Sprachunterricht, um sie systematisch an die Anforderungen in einem westlichen Unternehmen heranzuführen.

Bei der Qualifizierung chinesischer Mitarbeiter sind Maßnahmen am geeignetsten, die ein möglichst praxisnahes Vermitteln der erforderlichen Kompetenzen ermöglichen. So sollten Qualifizierungsmaßnahmen stets den Bezug zu konkreten Anforderungen des Aufgabenbereichs herstellen. Daher sind weniger Frontalvorträge und Präsentationen zur Vermittlung der erforderlichen Kompetenzen als alleinstehende Qualifizierungsmaßnahmen hilfreich, sondern reale Aufgabenstellungen, die im Rahmen von Trainings und Coachings begleitet und systematisch geübt werden. Sollen beispielsweise chinesische Mitarbeiter Kompetenzen im Bereich Projektmanagement erwerben, sollten in einem Training typische Aufgabenstellungen des Projektmanagements wie etwa Projektplanung, -organisation und Zeitmanagement anhand konkreter Aufgabenstellungen aus der Praxis geübt werden. Dabei bietet es sich an, die Trainingsteilnehmer in die Rollen von Projektleiter und Projektmitarbeiter schlüpfen zu lassen, die ihren Projektplan und ihre jeweiligen Aufgabenpakete eigenständig entwickeln und anschließend präsentieren. Anschließendes konkretes Feedback ist wichtig, damit die chinesischen Mitarbeiter Rückmeldung erhalten, in welchen Aspekten sie bereits gut sind und an welchen Aspekten sie noch weiter arbeiten müssen.

Ferner ist in China bei der Qualifizierung von Mitarbeitern entscheidend, die Geschäftsabläufe und die Aufgaben in einem möglichst hohen Detaillierungsgrad zu definieren. Beispielsweise muss einem kaufmännischen Sachbearbeiter genau beschrieben werden, welcher Beleg, welches Formular wann und wo abgelegt werden muss sowie wann die Arbeit begonnen und beendet werden muss.

Anders als in Europa haben Qualifizierungsmaßnahmen in China neben dem erwünschten Lernerfolg noch zwei weitere wesentliche Funktionen, die westliche Unternehmen für sich nutzen sollten:

- Mitarbeiterbindung und
- Kooperationssteigerung.

Denn anders als im Westen, wo Mitarbeiter Weiterbildungs- und Qualifizierungsmaßnahmen oftmals als Standard oder Selbstverständlichkeit ansehen und jede Form von Weiterbildung frei am Markt verfügbar ist, stellen derartige Maßnahmen für Chinesen einen hohen Mehrwert dar. Qualifizierung wird von chinesischen Mitarbeitern als entgegengebrachte Wertschätzung empfunden. Daher können sich Unternehmen mit ihrem Qualifizierungsangebot für ihre chinesische Belegschaft von anderen Arbeitgebern positiv abheben.

Ferner haben unternehmensintern durchgeführte Trainings den positiven Effekt, dass sich Trainingsteilnehmer unterschiedlicher Unternehmensfunktionen kennenlernen, sich austauschen und sich auch nach dem Training miteinander vernetzen. Dadurch kann sowohl der bereichsübergreifende Informationsfluss als auch die Zusammenarbeit verbessert werden. Dies ist insbesondere in Aufbau-, Umbau- und Wachstumsphasen von besonderer Relevanz. In China hat der positive Effekt von Weiterbildungsmaßnahmen darüber hinaus noch einen deutlich weiteren Radius. Die chinesischen Mitarbeiter fühlen sich von ihrem Arbeitgeber privilegiert behandelt. Dadurch wird ein höheres Bindungspotenzial der Mitarbeiter an den Arbeitgeber erzeugt. Um den Faktor Mitarbeiterbindung in voller Tragweiter zu erschließen, müssen die Qualifizierungsmaßnahmen allerdings attraktiv und bedürfnisgerecht gestaltet sein. Dabei sind die folgenden Besonderheiten zu beachten, die den empfundenen Stellen- und persönlichen Mehrwert von Qualifizierungsmaßnahmen aus Sicht chinesischer Mitarbeiter definieren:

- Zum einen leiten sie den Mehrwert aus ihrem persönlichen Lernerfolg ab. Da Chinesen durch Lernen eine hohe Befriedigung erfahren, sollte gewährleistet sein, dass sie am Ende einer Qualifizierungsmaßnahme den persönlichen Mehrwert für ihre Arbeit erkennen. Daher bietet es sich zum Abschluss von Qualifizierungsmaßnahmen beispielsweise an, die Teilnehmer ihren Kompetenz- und Erfahrungsgewinn reflektieren und anschließend explizit formulieren zu lassen, wie sie dies für ihre tägliche Arbeit nutzen können. Dies schärft das Bewusstsein für den persönlichen Mehrwert der durchgeführten Maßnahmen.
- Zum anderen ist chinesischen Mitarbeitern aber auch der Status enorm wichtig, der mit dem Besuch einer bestimmten Qualifizierungsmaßnahme assoziiert wird. Je höher das Training angesiedelt ist, desto mehr Status verleiht es dem Mitarbeiter.

Einen wesentlichen Unterschied, welchen Stellenwert eine Weiterbildungs- und Qualifizierungsmaßnahme für chinesische Mitarbeiter einnimmt, machen die Person und der hierarchische Rang des Initiators der Maßnahme aus. Wichtig ist, dass das lokale oder bei Bedarf sogar das zentrale Topmanagement hinter den Weiterbildungs- und Qualifizierungsmaßnahmen steht. Es genügt daher nicht, dass die lokale Personalabteilung zu einem Training einlädt und kommuniziert, wie wichtig dem Unternehmen die Weiterbildung der Teilnehmer ist. Es sollte eine namentlich bekannte Person aus dem Topmanagement als Einladender erscheinen und wertschätzende Worte an die Teilnehmer äußern. Kein Muss, aber sicherlich ein zusätzliches Plus ist die persönliche Präsenz des einladenden Managers auf der Veranstaltung. Dies kann zu Beginn des Trainings sein oder bereits auch schon zum Selektionsprozess der Teilnehmer. Die Auswahl von Mitarbeitern für Qualifizierungs- und Weiterbildungmaßnahmen sollte sehr überlegt und nach transparenten Kriterien erfolgen. Dies bietet sich insbesondere für länger andauernde und kostenintensive Maßnahmen, wie beispielsweise Executive-MBA-Programme, an. Selektionsverfahren unter Einbindung des lokalen Managements, der jeweiligen Vorgesetzten sowie der Personalabteilung sind hierfür vorteilhaft.

Weit verbreitet ist beim Abschluss von Weiterbildungsmaßnahmen die Durchführung einer feierlichen Zeremonie, zu der auch Familie und Freunde der Mitarbeiter eingeladen werden können. In die optisch ansprechende Gestaltung der Zertifikate und Zeugnisse sollte der Arbeitgeber durchaus investieren, da derartige Abschlussdokumente auch privat mit Stolz vorgezeigt oder sogar aufgehängt werden.

Insbesondere für chinesische Berufseinsteiger und Hochschulabsolventen bieten sich als erste Qualifizierungsmaßnahme im Unternehmen sogenannte „Freshman"-Kurse als Onboarding-Format an, die eine erste Orientierung geben und die Grundlagen, die im Unternehmen erforderlich sind, vermitteln. Gegenstand solcher „Freshman"-Kurse können die übergreifenden Unternehmensprozesse, die Organisationsstruktur, die Unternehmenswerte, die Personalpolitik und die Grundlagen der Unternehmensstrategie sein. Auch Sprachkurse in Englisch oder Deutsch können sinnvoll sein. Darüber hinaus kann die emotionale Mitarbeiterbindung gezielt in solchen „Freshman"-Kursen gefördert werden. So sollten die Kurse nicht nur informatorischen Charakter haben, sondern auch das Gefühl der sozialen Zugehörigkeit und den Stolz, bei dem Arbeitgeber beschäftigt zu sein, stärken. Neue Mitarbeiter im Unternehmen lernen sich gegenseitig kennen. Zusätzlich bietet es sich auch an, dass das Topmanagement die neuen Mitarbeiter begrüßt und damit Interesse und Wertschätzung signalisiert.

Neben Qualifizierungsmaßnahmen, die übergreifende Fach- und Führungskompetenzen vermitteln, sind auch Maßnahmen unabdingbar, die chinesische Mitarbeiter westlicher Arbeitgeber auf die Zusammenarbeit mit westlichen Kollegen und Führungskräften möglichst gut vorbereiten. Mit anderen Worten bedeutet das, dass nicht nur Expatriates für die Zusammenarbeit mit chinesischen Kollegen und Mitarbeitern zu qualifizieren sind. Auch die lokale Belegschaft ist durch geeignete Maßnahmen auf die Zusammenarbeit mit Mitarbeitern und Führungskräften aus der westlichen Unternehmenszentrale vorzubereiten. Üblich sind spezifische Trainings, die chinesischen Mitarbeitern die zentralen Kommunikations-, Verhaltens- und Denkweisen des Westens vermitteln. Durch die Erhöhung des gegenseitigen Verständnisses können Effizienz, Effektivität und die Qualität der Zusammenarbeit erhöht werden.

Nachfolgend wird detaillierter darauf eingegangen, wie On-the-Job- und Off-the-Job-Maßnahmen spezifisch an den Bedürfnissen chinesischer Mitarbeiter ausgerichtet werden können und welche Maßnahmen im kulturellen Kontext Chinas am geeignetsten sind.

3.3.1 On-the-Job-Maßnahmen

Maßnahmen wie Feedback, Mentoring und Coaching sind im Allgemeinen weit verbreitete und bewährte Instrumente, die bei der Qualifizierung und Entwicklung von Mitarbeitern angewendet werden. Gerade in China kommt diesen Instrumenten eine besonders wichtige Bedeutung zu. Dies hat zwei wesentliche Gründe:

- Erstens macht – wie bereits angedeutet – die sehr theoretische Hochschulausbildung chinesischer Absolventen Qualifizierungsmaßnahmen erforderlich, die so praxisbezogen und so konkret wie möglich auf den Arbeits- und Führungsalltag vorbereiten und einen kontinuierlichen Lernprozess ermöglichen.

- Zweitens ist in China der Respekt vor Alter, Berufs- und Lebenserfahrung nach wie vor so stark ausgeprägt, dass jüngere Mitarbeiter es als eine große Wertschätzung empfinden, von älteren, erfahrenen Führungskräften lernen zu können, von ihnen in ihrer Entwicklung begleitet zu werden und in ihnen einen beruflichen „Lehrer" zu finden. Eine solche berufliche Beziehung fördert darüber hinaus auch die Loyalität jüngerer Arbeitnehmer gegenüber ihren Führungskräften und kann zu einer Steigerung der Motivation beitragen.

Vor diesem Hintergrund wird im Folgenden ein On-the-Job-Ansatz zur Förderung und Qualifizierung von Führungsnachwuchs vorgestellt, der die Lernformen Feedback, Coaching und Mentoring integriert und als „Shadowing" bezeichnet wird. Obwohl diese Lernform in besonderem Maße für chinesische Mitarbeiter geeignet ist, wird dieser Ansatz bislang in China kaum systematisch angewendet. Ein solches Shadowing-Programm dient nicht nur der Förderung und Qualifizierung von Mitarbeitern. Beispiele aus der Unternehmenspraxis haben gezeigt, dass darüber hinaus sehr gute Auswirkungen auf die Motivation der teilnehmenden Nachwuchskräfte erzielt werden können.[1]

In einem solchen Shadowing-Ansatz begleiten chinesische Mitarbeiter für mehrere Wochen ausgewählte Mentoren aus dem Senior- oder dem Topmanagement bei unterschiedlichen Geschäftsaktivitäten und -terminen. Je nach der geplanten Entwicklung und Laufbahn für den jeweiligen Mitarbeiter ist zu entscheiden, ob der Mentor eine chinesische oder womöglich eine ausländische Führungskraft sein sollte. Handelt es sich beispielsweise um einen Mitarbeiter, der perspektivisch als Führungskraft mit internationalen Aufgaben arbeiten wird, empfiehlt sich eine ausländische und international versierte Führungskraft als Mentor. Ist für einen Mitarbeiter hingegen weitgehend eine lokale Entwicklung innerhalb Chinas mit eher geringen internationalen Aufgaben vorgesehen, mag es sinnvoller sein, eine erfahrene chinesische Führungskraft als Mentor einzusetzen.

Da die Nachwuchskräfte den Managern quasi auf Schritt und Tritt folgen, werden sie im positiven Sinne als „Shadows" bezeichnet. Sie erhalten in der Zeit Einblick in die tägliche Arbeit ihrer Mentoren und können durch ihre Beobachtungen, Gespräche und Diskussionen wertvolle Erfahrungen und persönliche Erkenntnisse sammeln. Zudem können sie wichtige Kontakte knüpfen und erhalten dadurch eine „Bühne", auf der sie sich präsentieren können. Den Mentoren kommen mehrere Rollen zu:

- Sie agieren als Coach und Mentor, die ihren jeweiligen „Shadow" beraten, bei Rückschlägen aufbauen und ermuntern und bei positiven Entwicklungen loben. Sie erklären darüber hinaus Zusammenhänge und geben ihre Erfahrungen und ihr Wissen weiter.
- Sie fungieren des Weiteren auch als Feedbackgeber. Das bedeutet, dass sie ihrem „Shadow" Rückmeldung darüber geben, wie sie ihn im Berufsalltag wahrnehmen, wo sie Stärken sehen und in welchen Feldern sie noch Verbesserungspotenziale sehen, an denen der „Shadow" arbeiten sollte.

---

[1]Vgl. hierzu exemplarisch den Erfahrungsbericht zum Shadowing-Programm der Ford Motor Company, in: Jablonski (2000, S. 68 ff.).

- Ferner können die Mentoren den disziplinarischen Führungskräften ihrer „Shadows" beratend zur Seite stehen, wenn die Führungskräfte Entwicklungspläne für ihre Mitarbeiter erstellen. So können die Mentoren ihre gesammelten Eindrücke zu Leistung und Potenzial an die disziplinarische Führungskraft zurückmelden und dieser auch als „Sparringspartner" bei der Entwicklung und Förderung des Mitarbeiters zur Verfügung stehen.

Das nachfolgende Best-Practice-Beispiel macht deutlich, wie ein solcher Shadowing-Ansatz für die Qualifizierung von chinesischen Führungskräften genutzt werden kann.

> **Best-Practice-Beispiel**
> In der Aufbauphase hat VW Führungspositionen in China zu Beginn doppelt besetzt, mit einem Chinesen als offiziellem Chef und einem westlichen Expatriate in der Rolle als Stellvertreter und Coach. Auch wenn die chinesische Führungskraft als offizieller Chef fungiert, beobachtet sie die westliche Führungskraft kontinuierlich und lernt von ihr moderne Führungsmethoden und -standards. Die Chinesen bei VW nennen diesen Ansatz „Wissenschaftliches Management".[2]
>
> Da Chinesen grundsätzlich ein sehr lernbegieriges Volk sind, kommt ein solcher Ansatz in der Regel gut an und ermöglicht es, einen kontrollierten Aufbau einer lokalen Führungsmannschaft voranzutreiben. Dabei wird sehr genau darauf geachtet, dass eine solche Konstellation aus zwei Führungskräften von beiden Seiten so gestaltet wird, dass auch in kritischen Situationen der gegenseitigen Gesichtswahrung hohe Priorität eingeräumt wird.

Gelernt wird in einem Shadowing-Programm übrigens auf beiden Seiten. Die „Shadows" erhalten Einblick in das Tagesgeschäft der Mentoren und können wichtige Kontakte knüpfen. Die Mentoren hingegen erhalten Einblicke in die Sichtweise von Führungs- und Nachwuchskräften und erhalten eine zusätzliche, oftmals noch unvoreingenommene Sicht auf Abläufe und Inhalte des Tagesgeschäfts. Dafür ist es hilfreich, die „Shadows" gezielt zur aktiven Mitarbeit aufzufordern und bei Diskussionen bewusst einzubinden. Dies trägt auch dazu bei, den „Shadow" hinsichtlich weiterführender Aufgaben in seinem Potenzial besser einschätzen zu lernen.

Bei der Vorbereitung und operativen Durchführung eines solchen Programms sind einige Aspekte zu beachten. Die ausgewählten Manager sollten sorgfältig nach ihrer fachlichen und sozialen Eignung für eine solche Mentoren- und Coachrolle ausgewählt werden. Nicht zu vergessen ist, dass der Einsatz westlicher Mentoren zu einem besseren kulturellen Verständnis beider Seiten beitragen und die Akzeptanz einer westlichen

---

[2]Vgl. Posth (2006).

Führungskraft bei den lokalen Mitarbeitern fördern kann. Die ausgewählten Manager sind in einem Vorbereitungstraining über die Ziele des Programms sowie über ihre Rollen und Erwartungshaltungen an sie zu informieren. Insbesondere westliche Mentoren sind auf kulturelle Herausforderungen im Umgang mit ihren „Shadows" zu schulen, speziell in Bezug auf die kulturellen Besonderheiten im Feedbackgeben und -nehmen. Es ist empfehlenswert, den Mentoren für dieses Programm in der Personalabteilung einen Ansprechpartner zur Verfügung zu stellen, der das Programm betreut und für Fragen sowie die operative Organisation zur Verfügung steht.

Für chinesische Führungskräfte und ausgewählte Fachexperten, die weiterführendes Potenzial sowie eine hohe Loyalität zum Unternehmen mitbringen, ist es sinnvoll, Qualifizierungsmaßnahmen durch Aufenthalte in der westlichen Unternehmenszentrale zu flankieren. Im Chinesischen gibt es das Sprichwort: „Eine Reise zu tun, ist besser, als tausend Bücher zu lesen." Denn eine Reise in eine neue (Arbeits-)Welt in der westlichen Unternehmenszentrale ermöglicht konkrete und greifbare Einblicke, die Bücher und theoretische Trainings kaum vermitteln können. Aufenthalte der ausgewählten chinesischen Mitarbeiter in der Zentrale fördern ein tiefes Verständnis für die zentralen Unternehmensprozesse sowie die Unternehmenskultur in der Zentrale. Ferner können die chinesischen Mitarbeiter während ihres Aufenthalts ein persönliches Netzwerk in die Zentrale knüpfen und Schnittstellenpartner, mit denen sie regelmäßig zusammenarbeiten, persönlich kennenlernen.

Der Aufenthalt in der Zentrale kann dabei an einem Stück oder in Form von mehreren kürzeren Aufenthalten erfolgen. Dies muss in Abhängigkeit der jeweiligen Ziele des Aufenthalts und finanziellen Überlegungen entschieden werden. Bleiben beispielsweise chinesische Mitarbeiter für länger als 183 Tage in Deutschland, werden sie steuerpflichtig, mit entsprechenden Kosten für Unternehmen. Viele Unternehmen entscheiden sich daher, den Qualifizierungsaufenthalt in der Zentrale kürzer als 183 Tage zu gestalten. Der Aufenthalt der chinesischen Führungskräfte und Fachexperten in der Zentrale sollte keinesfalls als eine „Einbahnstraße" bezüglich der Qualifizierung und Wissensvermittlung verstanden werden. Vielmehr sollte die Gelegenheit genutzt werden, dass auch die Mitarbeiter der Zentrale von ihren chinesischen Kollegen lernen können und mehr über die chinesische Denk- und Arbeitsweise, den chinesischen Markt und die chinesische Kultur erfahren. Hier kann die Personalabteilung unterstützen, indem sie für die Mitarbeiter interne „China-Foren" zu relevanten Problemstellungen organisiert. In diesem Rahmen werden die chinesischen Mitarbeiter vorgestellt und treten in den Dialog mit den Mitarbeitern der Zentrale.

Wenn chinesische Mitarbeiter nach Deutschland geholt werden, ist zu bedenken, dass es für eine Reihe von ihnen die erste Auslandsreise überhaupt darstellt und der Westen eine weitgehend unbekannte Kultur bedeutet. Daher empfiehlt sich eine möglichst intensive Betreuung vor Ort, um Hilfestellung bei alltäglichen Problemen anbieten zu können. Sehr empfehlenswert ist, einen persönlichen Mentor zu benennen, der den chinesischen Mitarbeiter nicht nur fachlich, sondern auch persönlich unterstützt und als Vertrauensperson agiert. Hilfreich ist auch die Vergabe einer „Notfall-Hotline", die chinesische

Mitarbeiter bei akuten Notfällen wählen können. Auch wenn diese in der Regel nicht gebraucht wird, vermittelt sie ein Gefühl von Sicherheit. Ferner ist ein von der Unternehmenszentrale gestaltetes Freizeitprogramm ein Zeichen von Wertschätzung.

3.3.2 Off-the-Job-Maßnahmen

Viele westliche Unternehmen versuchen, den Mangel an qualifizierten Fachkräften durch die Kombination aus On-the-Job- und Off-the-Job-Maßnahmen auszugleichen. Bei Off-the-Job-Maßnahmen werden oftmals externe Kooperationen mit öffentlichen oder privaten Bildungseinrichtungen eingegangen. Oftmals entwickeln westliche Firmen in Kooperation mit chinesischen Bildungsanbietern vor Ort unternehmensspezifische Qualifizierungsprogramme, um die eigenen Qualifizierungsbedarfe zu decken. Dies wird anhand des nachfolgenden Beispiels deutlich:

> **Best-Practice-Beispiel**
> BMW identifiziert im jährlichen Performance-Management-Prozess ausgewählte chinesische Potenzialträger, die an der renommierten Tsinghua University ein internationales MBA-Programm absolvieren können. Außerdem fördert das Unternehmen individuell zugeschnittene „Executive Coachings", um sie auf die Übernahme weiterführender Managementpositionen im Unternehmen vorzubereiten. Darüber hinaus bietet BMW in einer unternehmenseigenen Trainingsakademie für alle Mitarbeiter Trainings zur Erweiterung der Fach- und Sozialkompetenzen an. Weiterhin wurde ein Mentorenprogramm ins Leben gerufen, das die Mitarbeiter fachlich und sozial im Unternehmen begleitet, integriert und unterstützt.

Besonders beliebt bei chinesischen Mitarbeitern sind spezifisch zugeschnittene Weiterbildungsmaßnahmen, die in einen Titel münden. Oftmals bieten Arbeitgeber parallel verschiedene Programme an, wie nachfolgendes Best-Practice-Beispiel veranschaulicht.

> **Best-Practice-Beispiel**
> Das Unternehmen Motorola bietet ausgewählten Führungskräften sowie Führungsnachwuchskräften im Rahmen seines „China Accelerated Management Programme" maßgeschneiderte Weiterbildungsmaßnahmen an. Dabei gibt es zwei Programme. In der „Motorola Management Foundation" werden Führungsnachwuchskräfte in übergreifenden Managementkompetenzen wie beispielsweise Kommunikation und Problemlösung qualifiziert. Ausgewählten erfahrenen Führungskräften hingegen steht das speziell auf die Bedarfe des Unternehmensbedarfe zugeschnittene „Motorola High-Tech-MBA-Programme" offen. Für dieses ist

> Motorola eine strategische Hochschulpartnerschaft mit der Arizona State University sowie der Tsinghua University eingegangen. Diese Partnerschaft ermöglicht es Führungskräften mit hoher Leistung und Potenzial, einen Inhouse-MBA-Titel zu erwerben.

Unternehmen müssen sich in China bewusst sein, dass jede Art von Qualifizierungsmaßnahmen auch den externen Marktwert der Mitarbeiter erhöht. Im Idealfall sind daher Qualifizierungsmaßnahmen so gestaltet, dass vor allem das Unternehmen selbst – und weniger andere Unternehmen – von dem vermittelten Wissen und Kompetenzen profitieren kann. In der Praxis ist dies allerdings nahezu unmöglich. Viele Unternehmen sichern sich daher mit zwei rechtlichen Maßnahmen ab:

- Zum einen vereinbaren sie ein nachträgliches Wettbewerbsverbot, das festlegt, dass der Mitarbeiter erst nach einer bestimmten Frist zum Wettbewerber wechseln darf. Zulässig ist ein solches Wettbewerbsverbot jedoch nur für leitende Führungskräfte, Techniker und Mitarbeiter, die einer Geheimhaltungsvereinbarung unterworfen sind. Das nachträgliche Wettbewerbsverbot darf eine Dauer von zwei Jahren nicht überschreiten und muss auf eine bestimmte Region beschränkt sein. Während der Dauer des nachträglichen Wettbewerbsverbots ist der Arbeitgeber verpflichtet, dem Arbeitnehmer monatliche Entschädigungsleistungen zu zahlen.[3]
- Zum anderen schließen sie mit den Mitarbeitern ein sogenanntes „Training Agreement". Es umfasst eine Klausel, die eine Rückzahlung eines Teils der entstandenen Kosten der Qualifizierungsmaßnahmen vorsieht, sollte der Mitarbeiter schon vor Ablauf eines definierten Zeitraums das Unternehmen wieder verlassen. Derartige Rückzahlungsklauseln sind zwar grundsätzlich empfehlenswert, sollten in ihrer Bindungswirkung jedoch nicht überschätzt werden. Denn wenn Mitarbeiter von anderen Arbeitgebern abgeworben werden, übernehmen diese oftmals die ausstehenden Rückzahlungsforderungen für den Mitarbeiter.

Weitaus effektiver im Hinblick auf die Mitarbeiterbindung ist daher die gezielte Förderung des emotionalen Commitments der Mitarbeiter für das Unternehmen. Hierbei spielen die Führungskräfte – lokale wie Expatriates – eine herausragende Rolle.

---

[3]Vgl. Rademacher (2008, S. 28 ff.).

3.4 Systematischer Aufbau einer Talent-Pipeline für weiterführende Positionen

Die besten Talente eines Unternehmens stellen einen bedeutenden Vermögenswert und wettbewerbsrelevanten Erfolgsfaktor dar. Daher ist es sinnvoll, in den systematischen Aufbau einer Talent-Pipeline zu investieren, um einen Pool an chinesischen Talenten aufzubauen. Aus diesem Pool lassen sich auftretende Vakanzen insbesondere für hoch spezialisierte Fach- und Führungsfunktionen schließen, für die der externe Arbeitsmarkt kaum Kandidaten bereithält. Plant ein westlicher Arbeitgeber beispielsweise, mittelfristig die Anzahl seiner Expatriates in China zu reduzieren, kann auf Kandidaten aus diesem Talent-Pool zurückgegriffen werden, die systematisch an ihre Zielfunktionen herangeführt werden. Um Talente für die Aufnahme in einen solchen Pool zu identifizieren, sind zentrale Fragen zu beantworten:

- Durch welche Eigenschaften lassen sich vielversprechende chinesische Talente am geeignetsten charakterisieren?
- Wie können diese Talente im Unternehmen identifiziert werden?

Arbeitgeber sind gut beraten, im Auswahlprozess für ihre Talent-Pipeline darauf zu achten, dass alle drei nachfolgenden Merkmale vorliegen:

- Zum einen müssen die Talente die intellektuellen, sozialen und fachlichen *Kompetenzen* mitbringen, die auf weiterführenden Positionen benötigt werden, um erfolgreich zu sein.
- Ebenso wichtig ist ein ausgeprägtes Maß an *Einsatzwille und persönlicher Verbundenheit* mit dem Unternehmen und damit verbunden ein hohes Maß an *Loyalität,* das alle Mitarbeiter aufbringen sollten, um in eine unternehmensinterne Talent-Pipeline mit entsprechenden Investitionen des Arbeitgebers aufgenommen zu werden.
- Ferner müssen die Mitarbeiter die persönliche *Ambition* hegen, weiterführende Positionen einnehmen zu wollen, was oftmals mit karrierebedingten Veränderungen wie erhöhter Arbeitszeit und Verantwortung einhergeht.

Erst wenn im Auswahlverfahren alle drei Merkmalskategorien identifiziert werden, sollten Mitarbeiter in die unternehmensinterne Talent-Pipeline und damit in den Talente-Pool aufgenommen werden. Dabei sollten Unternehmen nicht den Fehler begehen, eine dieser drei Merkmalskategorien zu vernachlässigen, weil eine andere Merkmalskategorie sehr gut oder gar übererfüllt wird. Ein chinesischer Mitarbeiter beispielsweise, der über herausragende fachliche Kompetenzen verfügt, dessen Wechselbereitschaft zu anderen Arbeitgebern jedoch bekannt ist, sollte nicht unbedingt in die interne Talente-Pipeline aufgenommen werden. Zu hoch ist das Risiko für den Arbeitgeber, in den chinesischen Mitarbeiter zu investieren, ehe dieser dann das Unternehmen ohnehin verlässt.

Die individuelle Entwicklung von Talenten zu fördern, beinhaltet für Arbeitgeber durchaus ein gewisses Dilemma, welches schon im vorherigen Kapitel angeklungen ist: Hohe Investitionen in die Kompetenzentwicklung erhöhen auch den externen Marktwert der Talente und machen sie auch für andere Arbeitgeber attraktiver. Daher ist es gerade bei den Mitgliedern eines Talente-Pools unabdingbar, diese durch eine entsprechende Programmgestaltung auch emotional an das Unternehmen zu binden. Die Stärkung der emotionalen Bindung sollte daher integraler Bestandteil einer Talente-Pipeline und des dahinterliegenden Programms sein. Ein solches Programm sollte den Talenten die Möglichkeit bieten, ihre Führungsqualitäten zu entwickeln und unter Beweis zu stellen, sich dem Führungskreis in China präsentieren zu können und ihre persönliche Vernetzung im Unternehmen weiter voranzutreiben. Dies gilt für die Vernetzung der Talente untereinander sowie für die Vernetzung zur Führungsmannschaft. Typische Programmbausteine eines Talente-Pools sind

- speziell auf die Zielgruppe und die jeweiligen Zielpositionen zugeschnittene Trainings,
- Kaminabende oder Abendveranstaltungen mit Mitgliedern des Topmanagements,
- übergreifende Projekte, auf denen die Talente aus den unterschiedlichen Funktionsbereichen zusammenarbeiten und ihre Arbeitsergebnisse dem Topmanagement präsentieren.

Talente, die in die Talente-Pipeline aufgenommen werden sollen, sind in einem jährlichen oder halbjährlichen Auswahlprozess zu identifizieren. Dieser kann auch an den regelmäßig stattfindenden Leistungsbeurteilungsprozess gekoppelt werden. Dabei ist erkennbares Potenzial höher zu bewerten als bereits gemachte Erfahrungen. In den Talente-Pool werden am geeignetsten Talente aus unterschiedlichen Unternehmensbereichen aufgenommen, um dadurch auch die übergreifende Zusammenarbeit und Vernetzung zu unterstützen. Die Mitglieder des Talent-Pools verbleiben auch nach Aufnahme in den Pool auf ihren jeweiligen Funktionen und werden für bestimmte Bausteine des Programms, beispielsweise Trainings, für ein paar Tage vom Tagesgeschäft freigestellt.

Um einen hohen Stellenwert eines solchen Talent-Pools zu sichern, sollten auftretende Vakanzen vorrangig mit geeigneten Kandidaten aus einem solchen Talent-Pool besetzt werden. Allerdings ist gleichzeitig allen Teilnehmern eines Talent-Pools klarzumachen, dass die Teilnahme zwar eine hohe Chance, jedoch keine Garantie für eine rasche Weiterentwicklung im Unternehmen darstellt. Letztere ist ausschließlich von der gezeigten Leistung und dem Potenzial für weiterführende Aufgaben abhängig zu machen.

Eine Förderung jener Talente sollte immer unter realen Bedingungen stattfinden, die reale Aufgaben und Projekte umfassen, auf denen sich die Talente beweisen können. Daher sollten derartige Programme immer den Fokus „Leisten und Lernen" haben. Dies macht folgendes Praxisbeispiel deutlich.

> **Praxisbeispiel**
> Im Rahmen der jährlich stattfindenden Leistungs- und Potenzialbeurteilung wählt ein westlicher Konzern diejenigen chinesischen Mitarbeiter für seinen internen Talent-Pool aus, die in den nächsten drei Jahren eine größere Organisationseinheit oder einen Geschäftsbereich leiten könnten. Das flankierende Programm für die Mitglieder des Talent-Pools erstreckt sich über 12 Monate. In dieser Zeit werden die Teilnehmer von mehreren internen Führungskräften und ergänzend von externen Coachs beraten. Gleichzeitig werden die Talente bezüglich ihrer Leistung und ihres Entwicklungspotenzials eingeschätzt.
>
> Die Mitglieder des Talent-Pools bekommen in Abhängigkeit konkret vorliegender Herausforderungen des Unternehmens ein eigenes, anspruchsvolles Projekt übertragen, beispielsweise die Entwicklung eines neuen Produktes, eine Markteintrittsstrategie oder wesentliche Prozessoptimierungen. Die Projekte werden im Rahmen eines internationalen Managementmeetings, das an einem Standort außerhalb Chinas stattfindet, vorgestellt und beurteilt. Dies gibt den chinesischen Talenten die Möglichkeit, sich auf einer internationalen Bühne präsentieren und behaupten zu müssen.
>
> Die Teilnehmer beenden das Programm mit einem persönlichen Weiterentwicklungsplan, der sich über mehrere Jahre erstreckt und die kurz- und mittelfristigen Entwicklungsperspektiven aufzeigt. Dieser Entwicklungsplan wird in regelmäßigen Abständen gemeinsam von den jeweiligen Vorgesetzten und dem lokalem Personalmanagement überprüft. In diesem Kontext wird auch eruiert, inwiefern weiterführende Qualifizierungsmaßnahmen oder ein Wechsel auf eine anspruchsvollere Position angemessen sind. Das Personalmanagement identifiziert mit den Vorgesetzten hierfür sogenannte „Feuerprobe-Stellen", die besonders lernintensiv und herausfordernd sind, sodass sich die Talente beweisen und bewähren können.

Von großer Bedeutung für den Aufbau und den Erfolg einer Talent-Pipeline ist die volle Unterstützung durch das Topmanagement. Dies gilt in Bezug auf die Gewährung der benötigten Ressourcen für ein solches Programm. Ferner ist es hilfreich, wenn sich Mitglieder des Topmanagements an der Programmgestaltung und -durchführung, beispielsweise im Auswahlprozess und bei Qualifizierungsmaßnahmen, aktiv beteiligen.

Wichtig ist ferner ein strategischer Ansatz; anstelle von Einzelmaßnahmen sollte ein konsistentes, langfristig angelegtes und aus den strategischen Bedarfen angelegtes Talente-Programm aufgesetzt werden.

Die Ausführungen machen deutlich, dass das Entwickeln und Qualifizieren chinesischer Mitarbeiter mitunter erhebliche finanzielle und zeitliche Investitionen erfordern und die aktive Beteiligung der Führungskräfte verlangt. Wenn es aber durch die beschriebenen Maßnahmen gelingt, Mitarbeiter

- für die Anforderungen im Unternehmen zu qualifizieren,
- sie zu motivieren und
- an das Unternehmen zu binden,

dann handelt es sich um Investitionen, die sich nicht nur kurzfristig, sondern nachhaltig auf den Unternehmenserfolg positiv auswirken werden.

Chinesische Mitarbeiter binden (Retain) 4

> *If my employer treats me as a friend, I will be as loyal as a friend. If my employer treats me like a stranger, I will be as loyal as a stranger*
> (Zitat eines chinesischen High Potentials).

Zusammenfassung

Das Gewinnen geeigneter Mitarbeiter in China ist schwer genug. Gerade die qualifiziertesten und talentiertesten Talente zu binden, ist eine noch weitaus komplexere Aufgabe, die gezielt bearbeitet werden muss. Die Fluktuationsrate in China ist sehr hoch und beträgt im Schnitt ca. 20 % im Jahr. Dieser Wert muss differenziert betrachtet werden, da es Unternehmen mit 5 % sowie andere mit 25 % Fluktuationsrate gibt. Letztere haben ein massives Problem, das viele Ursachen haben kann. Vor diesem Hintergrund fällt oft von Führungskräften der Satz: „Sobald man einen Mitarbeiter mit viel Aufwand aufgebaut hat in China, ist der auch schon wieder weg." Dies bereitet vielen Unternehmen – westlichen wie lokalen gleichermaßen – Kopfschmerzen. Denn die negativen Effekte der Fluktuation von qualifizierten und erfahrenen Mitarbeitern sind erheblich und mit zahlreichen quantifizierbaren und nicht quantifizierbaren Kosten verbunden. Auch der Zeitverlust, der zu Behinderungen von Projekten und Liniengeschäft führen kann, schlägt bei hoher Fluktuation enorm zu Buche.

Führungskräfte berichten, dass es in China rund 6 Monate dauert, bis ein neuer Mitarbeiter die wesentlichen Unternehmensprozesse kennt. Es dauert weitere 12 Monate, bis sich der neue Mitarbeiter in die Unternehmenskultur und das soziale Netz im Unternehmen integriert hat. Erst nach 24 Monaten Unternehmenszugehörigkeit sind Mitarbeiter in der Regel voll einsatzfähig. Doch allzu oft sind dann viele qualifizierte chinesische Mitarbeiter bereits wieder auf dem Sprung zum nächsten Arbeitgeber. Schätzungen zum monetären Schaden einer Kündigung eines qualifizierten chinesischen Mitarbeiters variieren nach Art der Qualifikation und Verfügbarkeit am Arbeitsmarkt, werden aber im Durchschnitt mit ca. 150 % des Jahresgehalts des ausscheidenden Mitarbeiters beziffert. Denn durch die Kündigung eines Mitarbeiters kann es zu folgenden negativen Effekten kommen, die sich in Kombination in ihrer negativen Wirkung verstärken:

- Entstehung von Kosten für die Neu-Rekrutierung und Einarbeitung von Nachfolgekandidaten,
- Abfluss von unternehmensspezifischem Wissen oder gar Unternehmensgeheimnissen,
- Verlust der Investitionen in die getätigten Qualifizierungsmaßnahmen der Mitarbeiter,
- Verzögerung oder gar Unterbrechung von Linienarbeit und Projekten durch die unbesetzte Stelle,
- Beeinträchtigung des Betriebsklimas und Verunsicherung der Teammitglieder und Kollegen,
- Verlust eingespielter Beziehungen zu Kollegen und Kunden.

Besonders schmerzhaft ist der Verlust von qualifizierten chinesischen Mitarbeitern insbesondere dann, wenn sie über ausgeprägtes erfahrungsabhängiges und personengebundenes Wissen verfügen, das sich schwer an Nachfolger übertragen lässt. So sind beispielsweise persönliche Netzwerke im Unternehmen sowie persönliche Beziehungen zu Geschäftspartnern und Kunden in hohem Maße personengebunden und insbesondere in einem Land wie China äußerst wichtig. Denn die Eingespieltheit der Beteiligten und das über die Zusammenarbeit gewachsene Vertrauen wirken in China wie „Schmiermittel" für Arbeits- und Geschäftsprozesse. Verfügt ein ausscheidender Mitarbeiter über solches personengebundenes Beziehungskapital, wird es für Arbeitgeber schwer, diesen möglichst zeitnah und reibungslos zu ersetzen.

Ein besonderes und für Arbeitgeber riskantes Phänomen bei der Fluktuation von chinesischen Führungskräften ist der weit verbreitete „Follow me"-Effekt, der im Westen bislang fast nur aus dem Investmentbanking und der Beratungsbranche bekannt ist. So verhandelt die wechselnde chinesische Führungskraft oftmals den Wechsel ihres gesamten Teams mit dem neuen Arbeitgeber gleich mit. Dadurch kommt es nicht nur zur Kündigung der Führungskraft selbst, sondern auch zum Abgang eines gesamten Teams. Chinesische Mitarbeiter verspüren nämlich Loyalität in Bezug auf Personen, weniger in Bezug auf einen bestimmten Arbeitgeber. Mit anderen Worten heißt das, dass Mitarbeiter sich ihren Führungskräften und erst nachrangig ihrem Arbeitgeber verpflichtet fühlen. Wenn es sich um neuralgische, erfolgskritische Positionen und Teams handelt, beispielsweise der Strategie- oder der Einkaufsabteilung, kann dies Unternehmen regelrecht „lahmlegen". Daher kommt in China gerade der Bindung von chinesischen Führungskräften eine enorme Bedeutung zu.

Vor dem Hintergrund dieser spezifischen Fluktuationsrisiken in China sind Arbeitgeber gut beraten, in geeignete Maßnahmen zur Mitarbeiterbindung zu investieren. Grundsätzlich gilt am chinesischen Arbeitsmarkt das gleiche Prinzip wie auf allen umkämpften Arbeitsmärkten: Talente wählen diejenigen Unternehmen als Arbeitgeber, die ihnen aussichtsreiche Entwicklungsmöglichkeiten, gute Arbeitsbedingungen sowie ein leistungsorientiertes und angenehmes soziales Arbeitsumfeld bieten und auf ihre Bedürfnisse eingehen. Wie dies erfolgreich umgesetzt werden kann, zeigt nachfolgendes Praxisbeispiel.

> **Fallbeispiel**
> Gleich nach Abschluss seines BWL-Studiums als einer der Topabsolventen der Fudan University of Shanghai heuerte Dai Meng in der chinesischen Niederlassung eines großen deutschen Automobilzulieferers an, den er zuvor während eines Praktikums kennengelernt hatte. Schon nach wenigen Wochen arbeitete sein damaliger Chef mit ihm einen individuellen Entwicklungsplan aus und zeigte ihm mögliche Entwicklungsperspektiven mit den jeweiligen Anforderungen und Leistungserwartungen auf.
>
> Nach nur einem Jahr wurde Dai Meng nach überzeugenden Leistungen in ein internes 15-monatiges Führungsnachwuchskräfteprogramm aufgenommen. Zusammen mit 15 weiteren chinesischen Mitarbeitern durchlief er verschiedene Einsätze in unterschiedlichen Bereichen des Automobilzulieferers und erhielt flankierend Trainings zu Themen wie interkulturelles Management und Mitarbeiterführung. Das Programm beinhaltete auch einen mehrmonatigen Einsatz in der Konzernzentrale in Deutschland, wo Dai Pang übergreifende Prozesse und die Kultur des Stammhauses kennenlernte.
>
> Nach Abschluss des Programms und über zwei Jahren Berufserfahrung in einem westlichen Unternehmen hätte Dai Meng problemlos zu einem anderen Unternehmen wechseln können. Er war inzwischen exzellent ausgebildet. Doch das tat er nicht. Stattdessen führte er ein langes Gespräch mit dem verantwortlichen Marketingleiter über seine berufliche Zukunft – und wurde wenig später Abteilungsleiter für Vertriebsentwicklung. Auch nachdem er nach zwei weiteren Jahren die nächste Stufe auf der Karriereleiter erklommen hatte, wurde er kontinuierlich weiter gefördert. Erst vor Kurzem beendete Dai Meng erneut ein berufsbegleitendes Executive-MBA-Programm für Führungskräfte, das von seinem Arbeitgeber finanziell unterstützt wurde. An einen Jobwechsel würde er nicht im Traum denken – er fühlt sich wohl, wertgeschätzt und ist zufrieden, wie er sich kontinuierlich persönlich weiterentwickelt hat und seine Leistungen entsprechend honoriert werden.

Arbeitgeber, die chinesische Talente nicht nur akquirieren, sondern auch nachhaltig an sich binden möchten, sollten sich ehrlich und selbstkritisch die Frage stellen, ob geeignete Bedingungen zur nachhaltigen Bindung von Talenten vorherrschen. Hierfür allerdings müssen die Motive und Bedürfnislagen der Mitarbeiter zunächst verstanden werden.

Fast jede Führungskraft in China weiß eine Geschichte vom erstklassigen Nachwuchs zu erzählen, der mit hohen Erwartungen in das Unternehmen eintrat, intern ausgebildet wurde und erfolgreich arbeitete, aber dann recht unerwartet dem Unternehmen wieder den Rücken kehrte. Sehr oft reagieren Führungskräfte auf solche Abgänge erstklassiger Talente mit Erklärungen wie: „Er bekam ein Angebot von einem anderen Unternehmen, das er einfach nicht ausschlagen konnte." Oder: „In China bleiben gute Leute halt nur ein bis zwei Jahre bei einem Unternehmen." Derartige Erklärungen haben zwar einen wahren Kern, doch greifen sie insgesamt zu kurz und decken die tatsächlichen Bedürfnislagen nur partiell ab. Denn eine Vielzahl an Faktoren entscheidet darüber, ob ein Mitarbeiter sich entschließt, bei einem Arbeitgeber zu bleiben oder zu wechseln.

So liegen den frühzeitigen Abwanderungen von Talenten oftmals eine ganze Reihe an Aspekten zugrunde, die nicht nur auf ein höheres Gehalt zurückzuführen sind. Mit anderen Worten verlassen Talente ihr Unternehmen, weil die Führungskräfte ihre Bedürfnisse nicht verstehen und es damit versäumen, Bedingungen zu schaffen, die zu einer Bindung und Förderung der Loyalität der Mitarbeiter führen. Dies ist in China keine leichte Aufgabe. Vielfach wechseln in China selbst zufriedene Mitarbeiter den Arbeitgeber, wenn ihnen ein Angebot gemacht wird, das ihnen im Abgleich mit ihren individuellen Bedürfnissen noch attraktiver erscheint. Unternehmen, die eine nachhaltige Bindung und Loyalität ihrer Mitarbeiter generieren wollen, müssen ihre Mitarbeiter besser kennen als andere Unternehmen und ihr Angebot entsprechend bedürfnisgerechter zuschneiden. Dabei besteht die große Schwierigkeit darin, dass Bedürfnisstrukturen komplex und individuell verschieden sind und sich darüber hinaus im Zeitablauf verändern.

Weshalb gelingt es einigen Arbeitgebern in China nun besser als anderen, talentierte Mitarbeiter zu binden? Und was zeichnet die Personalarbeit von Unternehmen aus, die vor allem die herausragenden Leistungs- und Potenzialträger an sich binden? Um diese Fragen zu beantworten, werden nachfolgend geeignete Anreiz- und Motivationsinstrumente zur systematischen Bindung von Mitarbeitern vorgestellt.

4.1 Anreiz- und Motivationsinstrumente für ein umfassendes Retention-Management

Entscheidungen zum Arbeitgeberwechsel sind wie bereits angeklungen komplexer Natur und selten durch einen alleinigen Faktor bedingt. Die häufigsten Gründe, warum chinesische Mitarbeiter ihren Arbeitgeber wechseln, sind:

- empfundene Führungsschwäche des Vorgesetzten,
- mangelnde Wertschätzung vonseiten des Arbeitgebers,
- bessere Entwicklungsmöglichkeiten,
- höheres Gehalt,
- bedeutsamer klingende Titel,
- private Gründe wie der Umzug in die Nähe zur Familie sowie
- die Gründung eines eigenen Unternehmens.

An dieser Auflistung der häufigsten Fluktuationsgründe wird deutlich, dass ein Retention-Management möglichst breit und im Sinne eines holistischen Ansatzes angelegt sein muss. Grundsätzlich umfasst ein umfassendes Retention-Management von Mitarbeitern die Aufgabenfelder

- Personalentwicklung,
- Führungsleistung und
- Anreizgestaltung.

Wird ein gesamthafter Ansatz zur Loyalisierung chinesischer Mitarbeiter gewählt, müssen in der Regel Elemente aus allen drei oben genannten Aufgabenfeldern berücksichtigt werden.

Der Wille der Chinesen, sich durch ihre Arbeit Geld, Status und Ansehen zu verdienen, ist sehr stark ausgeprägt. Positionen mit großer Machtfülle, Verantwortung und bedeutsamen Titeln haben in China traditionell sehr großes Ansehen. Dies ist entsprechend bei der Gestaltung der Anreiz- und Motivationssysteme zu berücksichtigen. Dabei ist zu beachten, dass Unternehmen Mitarbeiter nicht ausschließlich mit einem Instrument an das Unternehmen binden können. Um eine nachhaltige Loyalisierung der Mitarbeiter zu erreichen, ist es vielmehr empfehlenswert, ein geeignetes Portfolio an unterschiedlichen, im Idealfall auch individuell wählbaren Anreiz- und Motivationsinstrumenten zusammenzustellen, das den individuellen Bedürfnissen der Mitarbeiter gerecht wird.

Die informatorische Grundlage für Arbeitgeber, welche Anreiz- und Motivationsmechanismen für ihre Mitarbeiter die größte Wirkung entfalten, können sowohl externe zielgruppenspezifische Studien als auch interne Erhebungen generieren. Dabei sind interne Erhebungen bezüglich ihres Informationsgehalts verlässlicher, da sie unternehmensinterne Strömungen und Tendenzen erfassen. Beispielsweise bieten internationale Dienstleister wie die Psyma Group AG inzwischen spezifische Befragungstools für Arbeitgeber auch in China an, aus denen sich die Anreiz- und Motivstrukturen der Mitarbeiter ableiten lassen, um darauf aufbauend ein gezieltes Anreiz- und Loyalisierungssystem entwickeln zu können. Werden solche internen Befragungen in regelmäßigen Abständen durchgeführt, hat dies für Arbeitgeber zweierlei Vorteile:

- Zum einen lässt sich in dem dynamischen chinesischen Arbeitsmarktumfeld überprüfen, ob die etablierten Anreize nach wie vor den Bedürfnissen der Mitarbeiter sowie dem Wettbewerbsmaßstab entsprechen und damit wirksam sind.
- Zum anderen lässt sich darüber hinaus so auch ein „Frühwarnsystem" im Unternehmen etablieren, das zielgruppenbezogene Abwanderungsrisiken, beispielsweise von Mitarbeitern auf Schlüsselpositionen oder von Führungskräften, frühzeitig identifiziert. Arbeitgebern ermöglicht dies, bereits antizipativ entsprechende Maßnahmen zu ergreifen.

Die informatorischen Grundlagen sind wichtig, um auf Basis der identifizierten Bedürfnislagen möglichst zielgenau die Anreize ausgestalten zu können, um sicherzustellen, dass jene möglichst effizient und effektiv greifen. Denn die Bandbreite an möglichen Anreiz- und Motivationsinstrumenten ist groß. Grundsätzlich lassen sie sich danach unterteilen, ob sie dem Mitarbeiter rationalen oder eher emotionalen Nutzen stiften. Gerade in China ist nicht zu unterschätzen, wie wichtig auch die emotionale Dimension der Anreizgestaltung ist. Diese sollte in jedem Fall ergänzend zu rein rational geprägten Anreizen, wie beispielsweise ein wettbewerbsfähiges Gehalt, angeboten werden. Der besondere Vorteil von emotionalen Anreizkomponenten liegt in zwei Facetten begründet:

- Sie stellen für die Mitarbeiter Anreize dar, verursachen jedoch für den Arbeitgeber keine direkten Kosten.
- Darüber hinaus sind emotionale Anreizkomponenten nicht kurzfristig durch einen anderen Arbeitgeber kopierbar und damit nachhaltiger Natur als rationale Anreizkomponenten.

Eine Übersicht zu den möglichen Anreizarten bietet die Abb. 4.1:

Die einzelnen Anreizkomponenten werden nachfolgend erläutert und an konkreten Beispielen veranschaulicht.

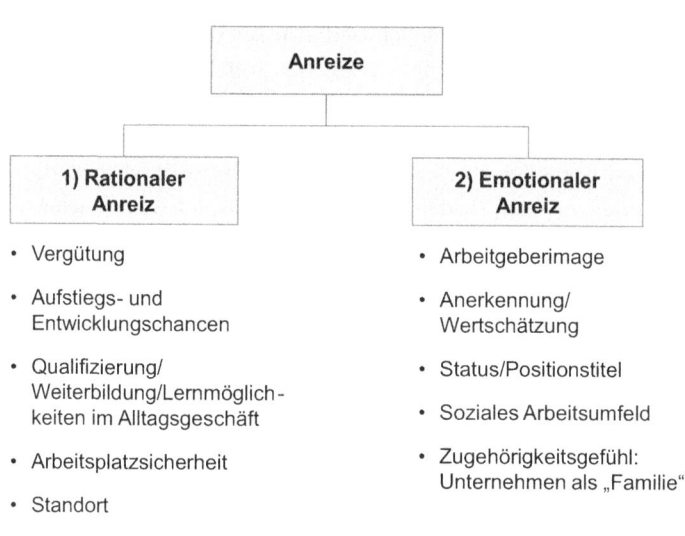

Abb. 4.1 Rationaler und emotionaler Nutzen von Anreizen für chinesische Mitarbeiter

1. Rationale Anreizkomponenten

- **Vergütung:** Eines der zentralen Anreize für Chinesen stellt die Vergütung dar. Denn die Vergütung spricht nicht nur die materiellen Interessen der Mitarbeiter an, sondern spiegelt auch die Wertschätzung ihrer Leistung wider. Dabei ist zu beachten, dass China in vielen Arbeitsmarktsegmenten schon lange kein Niedriglohnland mehr ist. Vor allem sind die jährlichen Steigerungsraten zu beachten. Denn die Gehälter wachsen in China jährlich um einen zweistelligen Prozentsatz. So ist das durchschnittliche Jahresgehalt eines Beschäftigten in China zwischen 2014 und 2015 um rund 10 % angestiegen. Die Vergütung qualifizierter chinesischer Führungskräfte erreicht inzwischen oftmals schon das international übliche Niveau oder liegt bei sehr spezifischen Qualifikationen sogar darüber.

  Um Talente an das Unternehmen zu binden, sind Vergütungsbestandteile empfehlenswert, die eine Bindung der Mitarbeiter an das Unternehmen für einen längeren Zeitraum begünstigen. Hierzu zählen beispielsweise eine an die Unternehmenszugehörigkeit gekoppelte Betriebsrente oder in Aussicht gestellte Qualifizierungsmaßnahmen wie beispielsweise ein durch den Arbeitgeber gefördertes MBA-Programm, das nach einigen Jahren der Betriebszugehörigkeit besucht werden kann. Beliebt sind ferner Wohnzuschüsse, um eine gehobene Wohnqualität zu ermöglichen, Zuschüsse zu den Schulgebühren des Kindes oder Haushaltshilfe und Chauffeur auf Firmenkosten. Sehr begehrt bei chinesischen Mitarbeitern sind auch die Finanzierung der Ausbildung des Kindes oder des Eigenheims durch den Arbeitgeber. Auch diese Vergütungsbestandteile sollten ebenfalls strikt an die Betriebszugehörigkeit gekoppelt sein. Eine Reihe von Unternehmen bezahlt auch einen bereits bei Vertragsunterzeichnung geregelten und entsprechend kommunizierten „Treuebonus". Ein weiteres beliebtes Anreizinstrument ist eine vom Arbeitgeber finanzierte Lebensversicherung, die erst nach mehreren Jahren Betriebszugehörigkeit gewährt wird, sowie Zahlungen für die Krankenversicherung. Wichtig ist die Sicherstellung eines marktadäquaten Gesamtvergütungspakets, das durch leistungsbezogene Anreize und attraktive Nebenleistungen abgerundet wird. Dabei muss für den einzelnen Mitarbeiter die Beeinflussbarkeit der leistungsbasierten Elemente deutlich erkennbar sein. Die beiden nachfolgenden Best-Practice-Beispiele verdeutlichen dies.

> **Best-Practice-Beispiele**
> Daimler vergleicht in China die vom Unternehmen gezahlten Vergütungen mit denen der Wettbewerber. Gegebenenfalls findet eine entsprechende Anpassung der Vergütung nach oben statt, um Mitarbeiter nicht an die besser vergütende Konkurrenz zu verlieren. Dabei wird Wert darauf gelegt, dass diese Anpassung nach oben im Unternehmen klar kommuniziert wird, damit die Mitarbeiter wissen, dass sich Daimler im branchenüblichen Rahmen bewegt und bei einem Arbeitgeberwechsel innerhalb der Branche keine wesentlichen vergütungsbezogenen Verbesserungen zu erwarten sind.

> Bei der Bosch GmbH wird ein sogenannter „Retention-Bonus" als Vergütungsbestandteil an jene Mitarbeiter auf ausgewählten Schlüsselpositionen gewährt. Dieser wird nach drei Jahren Unternehmenszugehörigkeit zusätzlich zum Grundgehalt ausbezahlt.

- **Aufstiegs- und Entwicklungschancen:** Insbesondere für Talente haben geeignete Aufstiegs- und Entwicklungschancen eine hohe Priorität. Diese sollten dabei idealerweise nicht nur auf die chinesische Organisation beschränkt sein, sondern bei entsprechender Eignung der Kandidaten auch Entwicklungschancen im Ausland und insbesondere in der Zentrale beinhalten. Arbeitgeber sind gut beraten, geeignete Perspektiven zu schaffen sowie das Angebot entsprechend klar zu kommunizieren und möglichst transparent zu machen. Zu der Zufriedenheit mit den Aufstiegs- und Entwicklungsmöglichkeiten trägt auch in erheblichem Maße die Transparenz und wahrgenommene Fairness von internen Auswahl- und Beförderungsprozessen bei.
- **Qualifizierung und Weiterbildung:** Chinesen lernen bekanntlich gerne und auch ein Leben lang. Qualifizierungs- und Weiterbildungsmaßnahmen können daher gezielt als Anreize zur Bindung der Mitarbeiter genutzt werden, indem sie an den weiteren Verbleib im Unternehmen gekoppelt werden.
- **Arbeitsplatzsicherheit:** Die Arbeitsplatzsicherheit ist für Chinesen eine enorm wichtige Anreizkomponente. Denn viele Chinesen kommen nicht nur für den eigenen Lebensunterhalt, sondern auch für den ihrer erweiterten Großfamilie auf. Daher erscheint ein Arbeitgeber umso interessanter, je höher die gewährte Arbeitsplatzsicherheit ist.
- **Standort:** Da Chinesen äußerst heimatverbunden sind, spielt der Standort für eine nachhaltige Bindung der Mitarbeiter eine große Rolle. Auch wenn chinesische Mitarbeiter nach Abschluss ihrer Ausbildung und ihres Studiums zunächst oftmals bereits sind, für einen geeigneten Job an einem Standort jenseits ihrer Heimatregion zu leben, zieht es sie mittelfristig wieder in ihre Heimatregion zurück. Arbeitgeber, die geeignete Mitarbeiter rekrutieren, deren Heimatregion dem Standort des Unternehmens entspricht, werden es entschieden leichter haben, diese Mitarbeiter längerfristig an sich binden zu können. Denn dann sprechen zumindest keine standortbezogenen Gründe für einen Arbeitgeberwechsel.
- **Work-Life-Balance:** Die Vereinbarkeit von Berufs- und Privatleben in Form einer ausgewogenen Work-Life-Balance spielt in China eine wesentliche Rolle. Erst 1994 legte die Regierung fest, dass chinesische Mitarbeiter nicht nur einen, sondern fortan zwei Tage pro Woche frei haben. Seither hat der Großteil der Chinesen Samstag und Sonntag frei und schätzt es, mehr Zeit für Privates und für die Familie zu haben. Diesem Bedürfnis können Arbeitgeber auch unter der Woche beispielsweise durch eine familienorientierte Personalpolitik sowie durch flexible Arbeitszeiten Rechnung tragen. In vielen Städten Chinas nehmen Mitarbeiter mehrstündige Fahrtzeiten zum

Arbeitsplatz in Kauf. Gerade in Großstädten wie Peking oder Shanghai geht das Pendeln im Berufsverkehr in der Regel mit überfüllten öffentlichen Verkehrsmitteln oder verstopften Straßen einher. Dies schmälert die Lebensqualität und erhöht die Stressbelastung. Maßnahmen wie beispielsweise die Möglichkeit, durch flexible Arbeitszeiten antizyklisch pendeln oder auch Telearbeit machen zu können, stellen große Anreize für chinesische Mitarbeiter dar. Denn dadurch können sie ihre Work-Life-Balance erheblich verbessern.

2. Emotionale Anreizkomponenten
Die emotionale Bindung chinesischer Mitarbeiter an ihren Arbeitgeber ist ein wichtiger Baustein für ein Retention-Management. Damit ist die emotionale Verbundenheit und Identifikation mit dem Arbeitgeber gemeint. Diese kann durch die nachfolgend beschriebenen emotionalen Anreizkomponenten maßgeblich gefördert werden:

- **Arbeitgeberimage:** Ein attraktives Arbeitgeberimage verleiht chinesischen Mitarbeitern Gesicht und Status und färbt auch auf deren Familien ab. Die Mitarbeiter sind stolz, wenn sie für einen Arbeitgeber mit einem herausragenden Arbeitgeberimage arbeiten können. Daher trägt ein attraktives Arbeitgeberimage wesentlich dazu bei, Talente an das eigene Unternehmen zu binden. Wie bereits im vorherigen Kapitel detailliert beschrieben, kann ein attraktives Arbeitgeberimage beispielsweise durch gezieltes soziales Engagement des Arbeitgebers am chinesischen Standort sowie durch hervorragende Arbeitsbedingungen und Fairness gegenüber den eigenen Mitarbeitern geschaffen werden.
- **Anerkennung/Wertschätzung:** Nicht nur die Einsatzbereitschaft, sondern auch die Bindung und Loyalität von Mitarbeitern hängen in hohem Maße davon ab, ob sie sich anerkannt und wertgeschätzt fühlen. Dabei spielen ein gutes, vertrauensvolles Arbeitsverhältnis zu Vorgesetzten, zu Kollegen und auch das Gefühl, dass das lokale Topmanagement sich für die Belange der Mitarbeiter interessiert, eine große Rolle.
- **Status/Positionstitel:** Nicht zu unterschätzen ist die Bedeutung von Titeln für chinesische Mitarbeiter. Chinesen messen Titeln eine sehr hohe Bedeutung bei. Dies führt oft zu schillernden und gänzlich unbescheidenen Rangbezeichnungen, die mit Stolz auf Visitenkarten gedruckt und zur Schau gestellt werden. Besonders beliebt ist beispielsweise der Titel „General Manager". Dieser ist im chinesischen Kulturraum äußerst prestigeträchtig, er verleiht dem Träger Status, Ansehen und Vertrauen. Arbeitgeber sollten daher nicht mit attraktiven Titeln geizen, um Talente an das Unternehmen zu binden. Gleichwohl ist darauf zu achten, dass nicht allzu inflationär mit der Vergabe von bedeutend klingenden Titeln umgegangen wird, um eine gewisse Aussagekraft der Titel zu bewahren.
- **Soziales Arbeitsumfeld:** Das soziale Arbeitsumfeld und damit gute Arbeitsbeziehungen zu Kollegen und insbesondere zur Führungskraft sind für chinesische Mitarbeiter wichtig. Ein soziales Arbeitsumfeld, das von Harmonie und Fairness gekennzeichnet ist, fördert daher maßgeblich die Bindung von Mitarbeitern an das Unternehmen.

- **Zugehörigkeitsgefühl:** Auch die Förderung eines Zugehörigkeitsgefühls sowie die Wahrnehmung des Unternehmens als erweiterte Familie kann die Bindung von Mitarbeitern positiv beeinflussen. Dies gelingt Arbeitgebern durch die nachhaltige Schaffung einer Unternehmenskultur, in welche die Familien der Mitarbeiter einbezogen und integriert werden. Eine solche Unternehmenskultur kann beispielsweise durch gemeinsame Ausflüge mit den Familien der Kollegen und Mitarbeiter an Wochenenden oder gemeinsame private Unternehmungen geschaffen werden. Derartige Gesten geben dem chinesischen Mitarbeiter das Gefühl, nicht nur als Arbeitskraft, sondern auch als Teil einer sozialen Gemeinschaft vom Arbeitgeber anerkannt und geschätzt zu werden.

Zur Schaffung von Bewusstsein und Transparenz über das vorhandene Angebot an rationalen und emotionalen Anreizen empfiehlt es sich für Arbeitgeber, ein Mitarbeiterhandbuch für chinesische Mitarbeiter zu erstellen und zu verteilen. Das Mitarbeiterhandbuch fungiert als Regelwerk, in dem genau festgehalten ist, welche Anreize den Mitarbeitern in Abhängigkeit von welcher Leistung und Betriebszugehörigkeit gewährt werden. Dies schafft einen Überblick sowie Transparenz über das vom Unternehmen gewährte Anreizsystem. Ein solches Regelwerk nimmt bei chinesischen Mitarbeitern einen hohen Stellenwert ein, da sie sich nicht nur selbst informieren, sondern auch Familie und Freunde mit Stolz darüber aufklären können, welche Leistungen sie von ihrem Arbeitgeber erhalten.

Sowohl bei rationalen als auch den emotionalen Nutzenkomponenten ist stets zu beachten, dass gerade in der chinesischen Gesellschaft dem Einhalten von gemachten Versprechen eine große Bedeutung beigemessen wird, um das Vertrauen und die Loyalität zum Arbeitgeber nachhaltig zu sichern. Es sollten daher vom Arbeitgeber nur solche Leistungsversprechen gemacht werden, die tatsächlich auch gehalten werden können.

4.2 Spezifische Loyalisierungsmaßnahmen für erfolgskritische Zielgruppen: Key-Player binden

Arbeitgebern, denen es in China gelingt, ein bedürfnisgerechtes und wettbewerbsfähiges Anreizsystem aus rationalen und emotionalen Anreizkomponenten anzubieten, wird es besser als anderen Unternehmen gelingen, chinesische Mitarbeiter an das Unternehmen zu binden. Für besonders erfolgskritische Zielgruppen sollten allerdings noch weiter reichende Maßnahmen ergriffen werden. Zielsetzung dahinter ist, personalbedingte Risiken, die einer Umsetzung der oftmals sehr ehrgeizigen Ziele im Chinageschäft entgegenstehen, zu minimieren. Denn beispielsweise wird die beste Vertriebsstrategie für den chinesischen Markt kaum fruchten, wenn ausgerechnet der erfolgreichste und am besten zu den Kunden vernetzte chinesische Vertriebsmanager das Unternehmen samt seinem Team verlässt. So sollten erfolgskritische Talente, die einen wesentlichen Beitrag zum Unternehmenserfolg leisten und nur schwer zu ersetzen sind, im Fokus zusätzlicher spezifischer Loyalisierungsmaßnahmen stehen.

Erfolgskritische Talente sind dabei nicht nur High Potentials mit weiterführendem Potenzial, sondern insbesondere auch erfahrene chinesische Leistungsträger, die einen hohen persönlichen Mehrwert für das Unternehmen leisten und aufgrund ihrer Erfahrung und persönlichen Vernetzung, beispielsweise zu zentralen Stakeholdern innerhalb und außerhalb des Unternehmens, für ihren Arbeitgeber sehr wertvoll sind. Ein Retention-Management-Ansatz hingegen, der sich nur auf High Potentials mit Potenzial für Management- oder Expertenfunktionen konzentriert, unterschätzt die Bedeutung eingespielter Beziehungen von erfahrenen Leistungsträgern, die für das stabile Funktionieren zentraler Unternehmensprozesse oder einzelner Teams maßgeblich sind.

Die erfolgskritischen Talente wissen in der Regel sehr gut, was sie leisten und welchen Wert sie für das Unternehmen besitzen. Daher sind Arbeitgeber gut beraten, in besonderem Maße in die Sicherung der Loyalität dieser Mitarbeiter zu investieren. Eine entscheidende Rolle kommt dabei dem direkten Vorgesetzten zu; er sollte die erfolgskritischen Leistungs- und Potenzialträger in seinem Team identifizieren und entsprechend fordern und fördern sowie mit entsprechender Wertschätzung behandeln.

Um zielgerichtete Maßnahmen zur Bindung der erfolgskritischen Talente ergreifen zu können, müssen zwei Schritte erfolgen:

1. In einem ersten Schritt muss identifiziert werden, welche Mitarbeiter überhaupt zu der wirklich erfolgskritischen Zielgruppe in China zählen. Diese Information benötigen Arbeitgeber, um ihre Maßnahmen zum Retention-Management zielorientiert auszurichten. Mit anderen Worten werden Maßnahmen zur Bindung der Mitarbeiter nicht mit der „Schrotflinte" verschossen, sondern sehr gezielt und damit äußerst effizient nach „Scharfschützenmanier" angewendet.
2. In einem zweiten Schritt ist zu erheben, was die spezifischen Bedürfnisse dieser besonderen Mitarbeitergruppe sind und welche Einstellung sie gegenüber ihrem Arbeitgeber hegen. Hier kommt erneut eine kundenorientierte Sicht auf erfolgskritische Mitarbeiter zum Tragen. Darauf aufbauend lässt sich ableiten, wie sich Unternehmens- und Mitarbeiterziele im Rahmen eines gezielten Retention-Managements in Einklang bringen lassen, indem hierfür spezifische Maßnahmen angewendet werden.

1. Identifizierung der erfolgskritischen Zielgruppen

Zur Identifizierung der erfolgskritischen Talente bietet es sich an, nach einem systematischen Analyseraster vorzugehen.[1] Dieses kann subjektive Überlegungen, die „aus dem Bauch heraus" getroffen werden, ersetzen oder ergänzen. Das Analyseraster kann genutzt werden, um die erfolgskritische Bedeutung von Einzelpersonen sowie die erfolgskritische Bedeutung bestimmter Zielgruppen oder ganzer Teams für das Unternehmen zu überprüfen. Folgende zwei Dimensionen des Rasters sind zunächst differenziert voneinander einzuschatzen:

---

[1]Vgl. hierzu auch den von Cosack et al. (2010) beschriebenen McKinsey-Ansatz, in dessen Anlehnung die Analysematrix entstanden ist.

- Zum einen wird die *Schwierigkeit der Nachbesetzung* von Einzelpersonen oder bestimmter Zielgruppen bzw. ganzer Teams erhoben. Diese ist direkt oder indirekt auch an erfolgskritisches Unternehmenswissen gekoppelt.
- Zum anderen wird das individuelle *Wechselrisiko* von Einzelpersonen oder der bestimmten Zielgruppe bzw. ganzer Teams eingeschätzt.

Aus den Einschätzungsergebnissen zu den beiden Dimensionen lässt sich die Gesamtbeurteilung ableiten. Letztere sagt aus, wie kritisch der mögliche Verlust der Einzelperson oder der Zielgruppe bzw. ganzer Teams aus Sicht des Arbeitgebers zu werten ist und infolgedessen wie bedeutsam es ist, für jene Einzelpersonen und Zielgruppen gezieltes Retention-Management zu betreiben.

Folgendes Beispiel veranschaulicht das Analyseraster: Ein chinesischer Mitarbeiter arbeitet seit mehreren Jahren als Public-Relations-Manager für einen multinationalen Konsumgüterhersteller in Peking. Der Mitarbeiter erbringt konstant hohe Leistungen und erfüllt seine Ziele zur vollsten Zufriedenheit seines Vorgesetzten. Dies ist nicht zuletzt darauf zurückzuführen, dass es der Mitarbeiter aufgrund seines sozialen Netzwerks immer wieder schafft, das Unternehmen positiv in meinungsbildenden Medien zu platzieren. Erst kürzlich konnte er durch gezielte Gegendarstellungen in den chinesischen Medien ein Image-Desaster für seinen Arbeitgeber verhindern. Sein Vorgesetzter bezeichnet ihn bezüglich seiner Leistungen als eine „sichere Bank".

Da der besagte chinesische Mitarbeiter ein sehr vertrauensvolles Verhältnis zu seinem Vorgesetzten pflegt, informiert er diesen darüber, dass sich sein guter Ruf in der Konsumgüterbranche herumgesprochen hat und er seit einigen Monaten vermehrt Anrufe chinesischer Headhunter erhält. Sein Vorgesetzter ist alarmiert und zieht die Analysematrix aus Abb. 4.2 heran, um das Risiko eines möglichen Weggangs seines Mitarbeiters aus übergeordneter Unternehmenssicht abzuschätzen. Dabei wird ihm deutlich, dass nicht nur das vom Mitarbeiter angesprochene Abwerbungs- und damit Wechselrisiko hoch ist, sondern dass sein Mitarbeiter nur schwerlich unternehmensintern zu ersetzen ist. Denn kein anderer Mitarbeiter ist annähernd gut mit den relevanten, meinungsbildenden Medien vernetzt. Die externe Einstellung eines vergleichbaren Kandidaten würde sich über Monate hinwegziehen und zu hohen Such- und auch Einarbeitungskosten mit entsprechendem Zeitverlust führen. Vor diesem Hintergrund wird dem Vorgesetzten klar, dass eine mögliche Kündigung seines Mitarbeiters nicht nur für seine eigene Abteilung, sondern auch für das Unternehmen sehr kritisch zu bewerten wäre. Daher nimmt der Vorgesetzte Kontakt zur lokalen Personalabteilung auf, um zu besprechen, welche spezifischen Loyalisierungsmaßnahmen für diesen erfolgskritischen Mitarbeiter einzuleiten sind.

2. Spezifische Loyalisierungsmaßnahmen

Zur Ableitung, welche spezifischen Loyalisierungsmaßnahmen für ein bestimmtes erfolgskritisches Talent oder eine erfolgskritische Zielgruppe einzuleiten sind, sollten folgende Schritte aufeinander abgestimmt werden: Zunächst sollte der jeweilige Vorgesetzte mit dem erfolgskritischen Mitarbeiter ein vertrauliches Gespräch führen, was

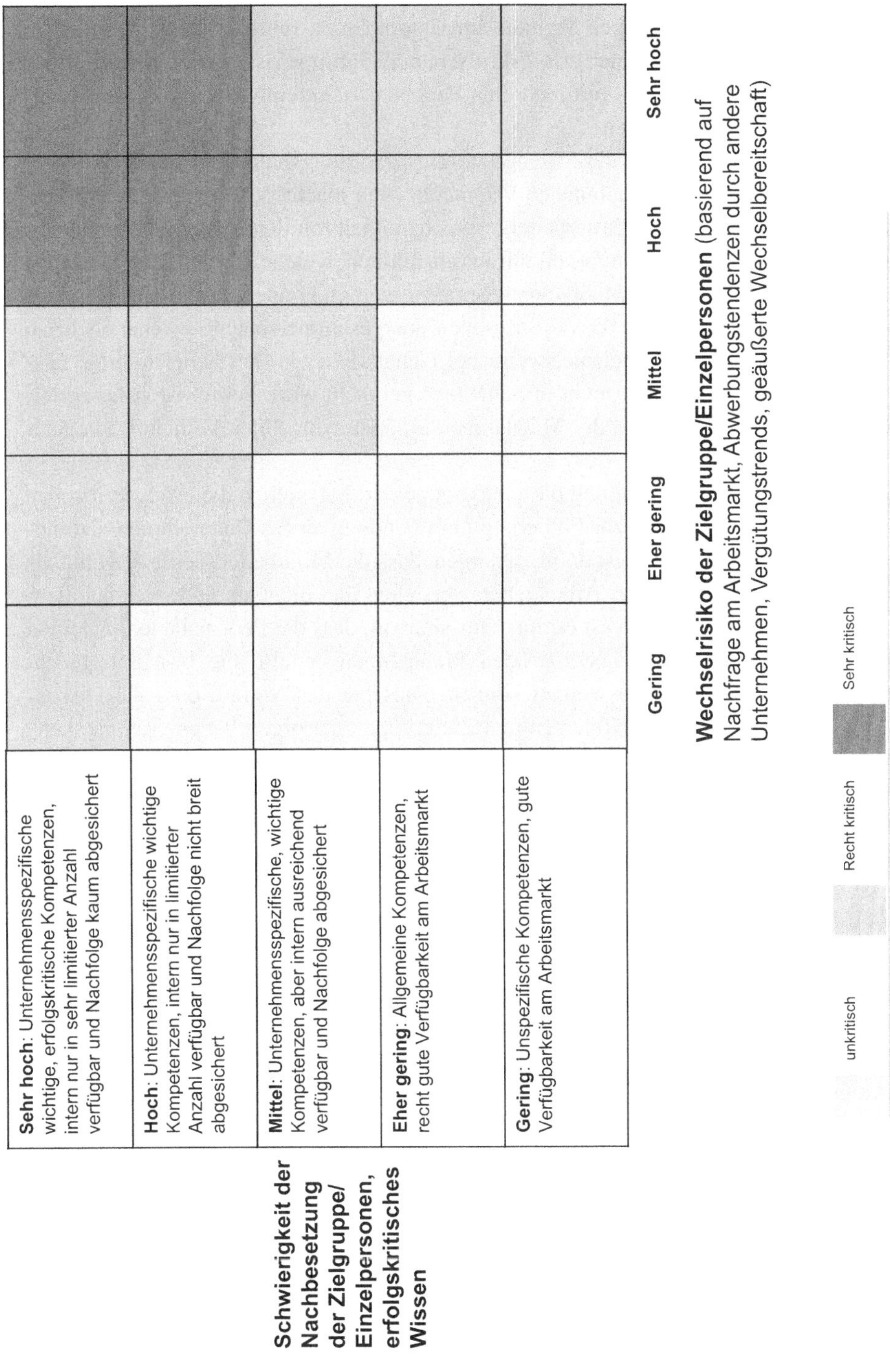

4.2 Spezifische Loyalisierungsmaßnahmen …

Schwierigkeit der Nachbesetzung der Zielgruppe/ Einzelpersonen, erfolgskritisches Wissen		Gering	Eher gering	Mittel	Hoch	Sehr hoch
Sehr hoch: Unternehmensspezifische wichtige, erfolgskritische Kompetenzen, intern nur in sehr limitierter Anzahl verfügbar und Nachfolge kaum abgesichert						
Hoch: Unternehmensspezifische wichtige Kompetenzen, intern nur in limitierter Anzahl verfügbar und Nachfolge nicht breit abgesichert						
Mittel: Unternehmensspezifische, wichtige Kompetenzen, aber intern ausreichend verfügbar und Nachfolge abgesichert						
Eher gering: Allgemeine Kompetenzen, recht gute Verfügbarkeit am Arbeitsmarkt						
Gering: Unspezifische Kompetenzen, gute Verfügbarkeit am Arbeitsmarkt						

Wechselrisiko der Zielgruppe/Einzelpersonen (basierend auf Nachfrage am Arbeitsmarkt, Abwerbungstendenzen durch andere Unternehmen, Vergütungstrends, geäußerte Wechselbereitschaft)

unkritisch   Recht kritisch   Sehr kritisch

Abb. 4.2 Analysematrix für ein gezieltes Retention-Management

die individuellen Erwartungshaltungen des Mitarbeiters an den Arbeitgeber sind, deren Erfüllung zu einem nachhaltigen Verbleib im Unternehmen führen würden. Handelt es sich um mehrere Personen einer erfolgskritischen Zielgruppe, ist es zielführend, einen vertraulichen Gesprächstermin mit mehreren Personen zu vereinbaren und deren Erwartungshaltungen zu identifizieren.

Dabei ist es wichtig, dass der Vorgesetzte die Erwartungshaltungen aufnimmt, aber den Mitarbeitern noch keine spontanen Versprechungen macht. Vielmehr sollte der Vorgesetzte im Anschluss an das Mitarbeitergespräch zeitnah mit der lokalen Personalabteilung in Kontakt treten und gemeinsam mit ihr abstimmen, welche verbindlichen Zusagen bezüglich bedürfnisgerechter Maßnahmen gemacht werden können. Dabei muss die Personalabteilung darauf achten, dass die Zusagen aus gesamtpersonalpolitischer Sicht zu vertreten sind. Hierzu zählt beispielsweise bei Gehaltszusagen die Sicherstellung, dass die interne Vergütungsstruktur nicht in Schieflage gebracht wird. Ferner ist sicherzustellen, dass Nutzen und Aufwand der Maßnahmen in einem sinnvollen Verhältnis zueinander stehen.

Erst wenn die Personalabteilung diese Fragen geklärt hat, sollten die erfolgskritischen Mitarbeiter über das Angebot zur Förderung ihrer Bindung an das Unternehmen verbindlich informiert werden. Dabei ist dafür zu sorgen, dass die Mitarbeiter dieses Angebot als Zeichen der Wertschätzung des Arbeitgebers verstehen und nicht als Selbstverständlichkeit auffassen. Für Arbeitgeber ist es durchaus sinnvoll, dass die Personalabteilung einen „Leistungskatalog" an bindungsfördernden Maßnahmen erstellt, die bedürfnisgerecht angeboten bzw. zugeschnitten werden können. Dies hat den Vorteil, dass die Diskussion mit den erfolgskritischen Talenten und Zielgruppen in vorgegebenen „Leitplanken" erfolgen kann. In diesen Leistungskatalog sollten Maßnahmen aufgenommen werden, die sowohl den rationalen als auch den emotionalen Nutzen der Zielgruppen ansprechen. Bei der Zusammenstellung eines Leistungskatalogs können durchaus auch kreative Lösungen zum Tragen kommen. Hierzu zählen folgende Beispiele:

- Erfolgskritische Talente können in einen besonderen „Think Tank" aufgenommen werden, auf den das chinesische Topmanagement für die Diskussion und Lösung wichtiger strategischer Herausforderungen zurückgreift. Dies bringt den erfolgskritischen Talenten nicht nur Wertschätzung entgegen, sondern bietet ihnen auch eine Bühne und Vernetzung zum Topmanagement an. Ein solches Angebot verleiht der erfolgskritischen Zielgruppe Gesicht und trägt damit zur Steigerung der Loyalität bei.
- Für erfolgskritische Zielgruppen, die ihren Marktwert noch weiter steigern möchten, können exklusive Weiterbildungsmaßnahmen angeboten werden. Dabei ist darauf zu achten, dass der Arbeitgeber von dem Kompetenzerwerb auch profitieren kann. Zur Steigerung der Anreiz- und Bindungswirkung ist der Exklusivitätscharakter der spezifischen Bindungsmaßnahme klar hervorzuheben. Hierzu können Executive-MBA-Programme zählen, zu denen nur ausgewählte Talente Zugang haben, oder auch regelmäßige Besuche in der westlichen Unternehmenszentrale in Europa.

- Ein paar erfolgreiche multinationale Arbeitgeber sind zur Bindung erfolgskritischer Führungskräfte dazu übergegangen, diesen über ihre Kommunikationsabteilungen in regelmäßigen Abständen ausgeprägte und prominente Medienpräsenz zu verschaffen. Dies gibt chinesischen Führungskräften und auch ihren Familien viel Gesicht und erhöht deren emotionale Bindung an das Unternehmen.
- Weit verbreitet sind auch exklusive Gehaltszulagen und weitere Vergütungsbestandteile, die an den Verbleib im Unternehmen sowie an herausragende Leistungen gekoppelt sind. Manche Unternehmen befürchten zwar, dass durch die Sonderbehandlung erfolgskritischer Zielgruppen in der chinesischen Belegschaft der Eindruck entstehen könnte, dass diese Mitarbeiter eine exponierte „Elite" darstellen, was zu entsprechendem Unmut über eine vermeintliche Ungleichbehandlung führen kann. Allerdings sollten sich gerade Unternehmen, die sich eine leistungsorientierte Unternehmenskultur auf die Fahnen schreiben, auch klar für eine leistungsdifferenzierte Vergütung einsetzen und zu einer solchen stehen. Anderenfalls könnte der Unmut, dass messbare Leistungsunterschiede zu keiner spürbaren Differenz in der Vergütung führen, zu weitaus größerem Unmut und darüber hinaus zu riskanten Demotivationseffekten in der Belegschaft führen.

Nachfolgende Best-Practice-Beispiele machen deutlich, welche Maßnahmen namhafte Unternehmen zur Bindung ihrer erfolgskritischen Zielgruppen in China ergriffen haben.

Best-Practice-Beispiele
Für ihre identifizierten erfolgskritischen Leistungs- und Potenzialträger beschäftigt die Firma Shell in China Karrierecoachs, die sich in regelmäßigen Abständen mit den ausgewählten Mitarbeitern treffen. Die Karrierecoachs schätzen die Einstellung der Leistungs- und Potenzialträger zum Unternehmen ein und unterstützen bei der Ableitung realistischer Karriereerwartungen im Unternehmen. Vor allem stellen die Karrierecoachs sicher, dass die Leistungs- und Potenzialträger Zugang zu angemessenen Entwicklungsmöglichkeiten im Unternehmen haben.

Ein großes westliches Unternehmen bietet in China seinen identifizierten erfolgskritischen Mitarbeitern das Privileg an, an Online-Diskussionsforen teilzunehmen, die vom Topmanagement der China-Organisation geleitet werden. In diesen Foren diskutiert das Topmanagement die größten Herausforderungen, die das Unternehmen global und in China zu meistern hat. Die erfolgskritischen Mitarbeiter sind aufgerufen, diese Foren in regelmäßigen Abständen zu besuchen, sich in die Diskussion einzubringen und sich zu melden, wenn sie an einem anstehenden Projekt mit „Top-Management-Attention" mitarbeiten möchten. Während den Mitarbeitern eine hohe Wertschätzung zuteilwird, profitiert das Topmanagement vor Ort davon, mit den „hellsten Köpfen" der China-Organisation Kontakt aufzunehmen und zu diskutieren.

> Das höhere Management bei Novartis China nutzt eine Checkliste, um sich ein Bild davon zu machen, wie sich die erfolgskritischen Mitarbeiter im Unternehmen fühlen und wie zufrieden sie sind. Auf Basis dieser Checkliste setzen die Vorgesetzten ein Gespräch mit diesen Mitarbeitern auf. So werden mit den Mitarbeitern Fragen zur Zufriedenheit mit ihrer Arbeit, mit ihren Entwicklungschancen und ihrer Lebensführung im Spannungsfeld zwischen beruflichen und privaten Anforderungen besprochen. Ein solches Gespräch demonstriert ganz klar die Wertschätzung des Unternehmens gegenüber dem Mitarbeiter. Ferner dienen die Gesprächsergebnisse dem Unternehmen als Inputquelle für den Vorgesetzten, wie die Loyalität des Mitarbeiters gestärkt werden kann. So setzen sich Vorgesetzte und Personalabteilung nach dem Gespräch zusammen und stimmen gezielte Maßnahmen zur Förderung der Loyalität der erfolgskritischen Mitarbeiter ab.

4.3 Gezieltes Wechsel- und Übergabemanagement beim Mitarbeiteraustritt und Alumni-Management

Selbst durch ein ausgefeiltes Retention-Management lässt es sich nicht immer verhindern, dass sich hin und wieder wichtige chinesische Wissens- und Leistungsträger und erfolgskritische Talente entschließen, das Unternehmen zu verlassen. Zu groß sind die Dynamik und die Verlockungen des chinesischen Arbeitsmarkts. Darüber hinaus kommt es zu altersbedingten Austritten aus dem Unternehmen. Derartige freiwillige oder altersbedingte Fluktuation gehört bis zu einem bestimmten Maß zur betrieblichen Normalität. Allerdings können Unternehmen gezielt den Wechsel- und Übergabeprozess gestalten und damit darauf hinwirken, dass die negativen Effekte der Fluktuation möglichst gering gehalten werden. Dazu gehören

- zum einen ein wertschätzender und respektvoller Umgang mit den ausscheidenden Mitarbeitern und
- zum anderen eine möglichst effizient und effektiv gestaltete Übergabe an den Nachfolger.

Eine erfahrene chinesische Führungskraft sagte hierzu: Ich muss die Entscheidung von Mitarbeitern, die einige Zeit bei uns erfolgreich gearbeitet haben und dann woanders ein passenderes Angebot erhalten, respektieren. Wenn es sich um sehr wertvolle Mitarbeiter handelt, betone ich jedes Mal, dass ihnen die Tür immer offen stehen wird, um zurückzukehren. Schließlich kann unser Unternehmen nur davon profitieren, wenn ein bewährter Mitarbeiter mit seinen extern gesammelten Erfahrungen wieder zu uns zurückkehrt.

4.3 Gezieltes Wechsel- und Übergabemanagement ...

So sind Arbeitgeber gut beraten, die Phase zwischen ausgesprochener Kündigung des Mitarbeiters und dem tatsächlichen Austritt möglichst effizient und effektiv zu nutzen sowie konstruktiv und wertschätzend zu gestalten. Denn dies bietet dem Arbeitgeber die Möglichkeit,

- das Know-how des ausscheidenden Mitarbeiters möglichst weitreichend zu sichern, um dieses an einen Nachfolger übergeben zu können, und
- den Kontakt zu einem bewährten Mitarbeiter zu halten, um diesen womöglich zu einem späteren Zeitpunkt erneut einstellen zu können.

Sobald der Weggang eines Mitarbeiters feststeht, sollte mit der Suche nach einem geeigneten Nachfolger begonnen werden. Je früher ein solcher gefunden ist, desto eher besteht die Wahrscheinlichkeit, dass der ausscheidende Mitarbeiter seinen Nachfolger noch einarbeiten und wertvolles Erfahrungswissen weitergeben kann. Falls möglich ist eine temporäre Doppelbesetzung der Stelle sinnvoll, sodass der neue Stelleninhaber seinen Vorgänger begleiten, beobachten und bei Unklarheiten befragen kann. Ferner kann der neue Stelleninhaber in jener Zeit schon erste Aufgaben selbst übernehmen, während ihn sein Stellenvorgänger coachen kann.

In vielen Fällen wird ein geeigneter Nachfolger allerdings erst dann gefunden, wenn der alte Stelleninhaber das Unternehmen bereits verlassen hat. In diesem Fall sollte der ausscheidende Mitarbeiter gebeten werden, seine Aufgaben, Projekte und internen und externen Ansprechpartner möglichst vollständig und transparent für seinen Nachfolger zu dokumentieren. Zusätzlich sollten die wichtigsten, vor allem kritische Übergabepunkte sowie offene Aufgaben mit der Führungskraft besprochen werden, damit letztere den Stellennachfolger entsprechend einarbeiten und instruieren kann. Je wertschätzender der ausscheidende Mitarbeiter nach Aussprache seiner Kündigung vom Arbeitgeber behandelt wird, desto höher ist in der Regel dessen Bereitschaft, sein Wissen zu dokumentieren und an den Nachfolger weiterzugeben.

Darüber hinaus sind westliche Arbeitgeber gut beraten, ein Alumni-Management für bewährte chinesische Mitarbeiter zu etablieren und den Kontakt für eine mögliche erneute Zusammenarbeit systematisch aufrechtzuerhalten. Denn gerade wenn das Unternehmen weitere Wachstumsziele in China verfolgt und auch zukünftig einen kontinuierlichen Bedarf an qualifizierten Mitarbeitern haben wird, bietet es sich an, auf bewährte Mitarbeiter zurückzugreifen, die mit neuen externen Erfahrungen zurück in das Unternehmen geholt werden können. Der Begriff Alumni wird bislang mehrheitlich in den USA verwendet, womit ursprünglich die Vereinigung ehemaliger Studenten bezeichnet wurde. Heute ist der Begriff Alumni deutlich weiter gefasst und bezeichnet Ehemalige, die in einem Netzwerk miteinander verbunden sind. Professionelle Alumni-Programme zur Kontaktpflege werden mehrheitlich von Unternehmen der Beratungsbranche genutzt. Letztere haben erkannt, dass durch die systematische Beziehungspflege zu ehemaligen Mitarbeitern ein aktives Netzwerk zu

- Kunden,
- Kooperations- und Geschäftspartnern sowie
- zukünftigen Mitarbeitern (sogenannten „Heimkehrern" oder „Boomerangs")

aufgebaut und systematisch gepflegt werden kann.

In China machen westliche Unternehmen bislang kaum Gebrauch von einer systematischen Beziehungspflege zu ehemaligen chinesischen Mitarbeitern. Dadurch gehen wertvolles Beziehungskapital und Potenziale zur effektiven Nutzung von gewachsenen Beziehungen zwischen Unternehmen und seinen ehemaligen Mitarbeitern verloren. Grundvoraussetzung für ein funktionierendes Alumni-Management ist die wechselseitige, positive Grundeinstellung von Unternehmen und ehemaligen Mitarbeitern und damit das gegenseitige Interesse, miteinander in Kontakt zu bleiben. Vor diesem Hintergrund sind ausschließlich solche ehemaligen Mitarbeiter in das Alumni-Programm aufzunehmen,

- die bei ihrem Ausscheiden eine positive Grundeinstellung gegenüber ihrem Arbeitgeber äußern und
- von denen das Unternehmen überzeugt ist, dass die Beziehungspflege zum Mitarbeiter einen Mehrwert darstellt und eine erneute Zusammenarbeit wünschenswert ist.

Das Mitarbeiterinteresse an einem Alumni-Programm kann in einem Exit-Interview erhoben werden. Die Durchführung von Exit-Interviews beim Fortgang von Mitarbeitern sind für Arbeitgeber gerade in China empfehlenswert, da sie Aufschluss über die Gründe des Arbeitgeberwechsels geben sowie Schwachpunkte und Problemfelder identifizieren, die eine ungewollte Mitarbeiterfluktuation begünstigen. Das Unternehmensinteresse, mit einem ausscheidenden Mitarbeiter in Kontakt bleiben zu wollen, kann im Rahmen der Austrittsbeurteilung durch den Vorgesetzten ermittelt werden. Durch ein Alumni-Programm kann ein wertvoller externer Kandidaten-Pool aus bewährten Fach- und Führungskräften aufgebaut werden, die am chinesischen Arbeitsmarkt rar sind. Die Alumni könnten entweder gezielt für die Besetzung spezifischer Vakanzen angesprochen oder über einen Newsletter regelmäßig über offene Vakanzen informiert werden.

Mit der Ansprache von ehemaligen Mitarbeitern über ein Alumni-Programm sind konkrete Vorteile verbunden:

- Die Such- und Auswahlkosten von geeigneten Kandidaten können reduziert werden. Beispielsweise lassen sich durch die Direktansprache geeigneter Alumni die Suchkosten für die Platzierung von Stellenausschreibungen und für Headhunter für die Besetzung spezifischer Vakanzen reduzieren.
- Einarbeitungskosten fallen geringer aus, da die ehemaligen Mitarbeiter mit dem Unternehmen, beispielsweise mit den Produkten und Prozessen, bereits vertraut sind. Mit anderen Worten verfügen die Alumni über wertvolles spezifisches Unternehmenswissen, das reaktiviert werden und zur Minimierung der Einarbeitungskosten und -zeit verwendet werden kann.

- Das Risiko einer Fehlbesetzung kann minimiert werden, da sich der ehemalige Mitarbeiter bereits intern bewährt hat und das Unternehmen kennt. Die Gefahr einer Fehleinschätzung wird für beide Seiten minimiert. Dies ist insbesondere vor dem Hintergrund eines starken Arbeitnehmerschutzes in China vorteilhaft, durch welchen es für Arbeitgeber recht schwer ist, Mitarbeitern leistungsbedingt zu kündigen.
- Zudem können Alumni ihr unternehmensinternes Erfahrungswissen mit den Erfahrungen aus der externen Beschäftigung kombinieren und idealerweise synergetisch zusammenführen.

Arbeitgeber müssen keine Großkonzerne sein, um ein funktionierendes Alumni-System für chinesische Mitarbeiter aufzubauen und mit verhältnismäßigem Aufwand zu pflegen. Oftmals reicht eine einfache Datenbank mit den relevanten Kontaktdaten der Alumni und ein verantwortlicher Mitarbeiter aus, der sich um die Kontaktpflege zu den Alumni kümmert. Grundlage für das Beziehungsmanagement zu ehemaligen Mitarbeitern stellt ohnehin nicht eine technische Lösung, sondern das authentische Commitment von Unternehmensleitung und Führungskräften dar, mit den bewährten Mitarbeitern in Kontakt bleiben zu wollen.

5 Rollen und Verantwortlichkeiten im strategischen Talentmanagement für China

Wer glaubt, Talentmanagement sei allein Sache der Personalabteilung, irrt. Diese Aufgabe ausschließlich in den Bereich Human Resources zu delegieren, ist so sinnvoll wie Windsurfen bei Flaute
(Roland Berger Strategy Consultants in think:act Content 2010).

> **Zusammenfassung**
> Abgesehen von der in den vorangegangenen Kapiteln beschriebenen konkreten Ausgestaltung des Talentmanagements mit den zentralen Aufgaben der Akquise, Entwicklung und Bindung von geeigneten Mitarbeitern ist darüber hinaus die Frage zu klären, wer für das strategische Talentmanagement in China verantwortlich ist und wie die jeweiligen Rollen und Aufgaben verteilt sind. Allen Unternehmen, die ein strategisches Talentmanagement in China erfolgreich und nachhaltig etablieren möchten, muss klar sein, dass dies eine äußerst komplexe und dynamische Aufgabe darstellt. Diese kann nur durch konzertierte Maßnahmen aller Beteiligten auf Basis einer klaren Talentmanagement-Strategie bewältigt werden.

Wie in dem eingangs angeführten Zitat der Unternehmensberatung Roland Berger deutlich wird, können die Aufgaben des strategischen Talentmanagements nicht allein durch das Personalwesen erbracht werden. Vielmehr sind hierfür folgende Beteiligte mit ihren jeweiligen Rollen erforderlich:

- **Zentrale Personalstellen:** Die zentralen Personalstellen sind dafür verantwortlich, die konkreten Zielsetzungen für das strategische Talentmanagement für China aus der Unternehmensstrategie abzuleiten. Hierzu zählen qualitative Kompetenzbedarfe sowie quantitative Mengengerüste, die für die Umsetzung der anvisierten strategischen

Ziele für China, beispielsweise Wachstums- oder Markterschließungsziele, erforderlich sind. Diese Ziele sind eng mit den lokalen Personalstellen abzustimmen. Darüber hinaus sind lokalspezifische Erfordernisse, beispielsweise die Anpassung der lokalen Anreizsysteme zur Sicherstellung wettbewerbsfähiger Arbeitsbedingungen, zu ergänzen. Außerdem legen die zentralen Personalstellen den Rahmen für lokale Talentmanagementaktivitäten fest, die innerhalb des zentral vorgegebenen Rahmens lokalspezifisch ausgelegt werden können. Beispielsweise kann der Rahmen bezüglich der Vergütungsstrategie lauten, dass sich das Unternehmen im oberen Vergütungsdrittel im Branchenvergleich positioniert. Die lokale Personalstelle in China hat dann die Möglichkeit, die Vergütung so zu gestalten, dass zum einen der zentrale Vergütungsrahmen eingehalten und zum anderen sichergestellt wird, dass geeignete Talente für das Unternehmen in China gewonnen werden können. Derartige Rahmen sind insbesondere bei Großunternehmen erforderlich, um zu gewährleisten, dass kein ungesteuerter „Wildwuchs" an lokalen Standorten entsteht, sondern ein personalstrategischer roter Faden eingehalten wird.

- **Lokale Personalstellen:** Die lokalen Personalstellen sind für die Umsetzung der konkreten Talentmanagementaufgaben vor Ort, beispielsweise für die Durchführung von Personalmarketingaktivitäten und Recruiting-Veranstaltungen oder die Beauftragung von Headhuntern, verantwortlich. Ferner kommt den lokalen Personalstellen die Aufgabe zu, die Führungskräfte vor Ort zu beraten. Die lokalen Personalstellen müssen darüber hinaus Experten bezüglich aktueller Herausforderungen im Talentmanagement in China sein und entsprechende Lösungsansätze entwickeln. Dies erfordert eine proaktive Rolle der lokalen Personalstellen.
- **Disziplinarische Führungskräfte in China:** Den disziplinarischen Führungskräften in China, lokalen wie westlichen gleichermaßen, kommt eine große Bedeutung bei der erfolgreichen Durchführung von Talentmanagementaktivitäten zu. Denn viele Talentmanagementaufgaben können erst durch die jeweilige Führungskraft „zum Leben erweckt" und damit wirksam umgesetzt werden. Bei der Bindung von Mitarbeitern beispielsweise spielen das zwischenmenschliche Verhältnis zwischen Führungskraft und Mitarbeitern sowie die aktive Förderung von Talenten eine zentrale Rolle. Allen Führungskräften muss daher bewusst sein, dass der Erfolg von Talentmanagementaktivitäten mit ihrem persönlichen Engagement und ihrer Vorbildrolle steht und fällt. Daher sollte die Auswahl von Führungskräften für China auch stets gewährleisten, dass eine soziale Eignung und Interesse zur Übernahme von Talentmanagementaufgaben vorliegen.
- **Zentrales und lokales Topmanagement:** Auch dem Topmanagement kommt eine wichtige Bedeutung für das Talentmanagement zu. Denn gerade am umkämpften Arbeitsmarkt in China sind spezielle Anstrengungen und damit auch Ressourcen für das Talentmanagement erforderlich, die nur durch das Topmanagement genehmigt und freigegeben werden können. Dies setzt ein entsprechendes Verständnis des Topmanagements für die spezifische Situation in China voraus.

Es gibt keine allgemeingültige Patentlösung für die genaue Verteilung der Verantwortlichkeiten. Daher können die oben zugewiesenen Verantwortlichkeiten lediglich als Orientierungsempfehlung gelten. In jedem Fall ist wichtig, dass alle Beteiligten sich über ihre jeweiligen Rollen und Verantwortlichkeiten im Klaren sind und dass in regelmäßigen Abständen eine gemeinsame Überprüfung des Erfolgs der Talentmanagementaktivitäten in China stattfindet. Ferner ist eine vertrauensvolle und effiziente Zusammenarbeit aller Beteiligten erforderlich. Um diese zu fördern, ist es beispielsweise sinnvoll, dass sich die zentralen Ansprechpartner aus zentralem und lokalem Personalwesen in China persönlich kennen. Dies erleichtert eine vertrauensvolle Zusammenarbeit über die Distanz sehr. Auch wenn damit in regelmäßigen Abständen Reisekosten entstehen, sind diese gut in eine Erleichterung und Intensivierung der Zusammenarbeit investiert und tragen dazu bei, Missverständnisse und Doppelarbeit zu reduzieren.

Um dem strategischen Talentmanagement für China auch nachhaltig Rückenwind zu geben, sollte es auf der Agenda des lokalen Topmanagements stehen. Dessen Mitglieder sollten sich alle zwei bis drei Monate die Zeit nehmen, den Erfolg der wichtigsten durchgeführten Maßnahmen, beispielsweise Recruiting-Veranstaltungen an definierten Zielhochschulen oder erfolgte Loyalisierungsmaßnahmen für erfolgskritische Zielgruppen, zu überprüfen und gegebenenfalls Anpassungen zu beauftragen. Darüber hinaus kann das Topmanagement für spezifische Aufgabengebiete im Talentmanagement auch direkt einen wertvollen Beitrag leisten, indem sich Mitglieder des Topmanagements persönlich bei ausgewählten Maßnahmen einbringen. Dies hat neben einer tatsächlichen auch eine symbolische Wirkung, da dadurch signalisiert wird, welcher Stellenwert dem Talentmanagement beigemessen wird. Zu bewährten Aktivitäten des Topmanagements zählen beispielsweise

- der Besuch von ausgewählten Zielhochschulen und die Repräsentation des Unternehmens,
- die Eröffnungsrede bei Recruiting-Veranstaltungen,
- die Teilnahme an Auswahlverfahren für Führungsnachwuchskräfte oder
- die Teilnahme an internen Mentoring-Programmen für erfolgskritische Talente.

Beteiligt sich das Topmanagement persönlich an derartigen Aufgaben und investiert entsprechend Zeit, wird die Glaubwürdigkeit der Aussage nach innen und außen unterstrichen, dass Mitarbeiter zentrale Erfolgsfaktoren für das Unternehmen darstellen.

Zusammenfassend lässt sich festhalten, dass der Aufbau eines nachhaltig erfolgreichen strategischen Talentmanagements für China nicht mit der Implementierung der erforderlichen Prozesse und Instrumente und dem Festlegen von Rollen und Verantwortlichkeiten abgeschlossen ist. Es geht vielmehr auch um einen Prozess der Entwicklung einer auf Talentmanagement ausgerichteten Unternehmenskultur. Sowohl Topmanagement als auch die Führungskräfte vor Ort in China müssen als Multiplikatoren und Treiber gewonnen werden, um die erforderlichen Rahmenbedingungen für ein erfolgreich gelebtes strategisches Talentmanagement zu schaffen. Nur so entsteht eine nachhaltig gelebte Kultur zur Förderung des Talentmanagements.

Die besondere Bedeutung einer kulturadäquaten Personalführung als Grundlage eines erfolgreichen Talentmanagements wird im nachfolgenden Teil II vorgestellt.

Teil II
Erfolgreiche Personalführung

Im Teil I wurde dargelegt, aus welchen Elementen ein strategisches Talentmanagement für China besteht. Doch die beschriebenen Aufgaben und damit verbundenen Instrumente und Prozesse allein garantieren noch keine nachhaltige Motivation und Bindung der Mitarbeiter an das Unternehmen. Den Führungskräften, die vor Ort Mitarbeiter führen, kommt hierfür eine entscheidende Rolle und Bedeutung zu. Mitarbeiter verlangen von ihnen eine Vorbildfunktion im Hinblick auf das Vorleben der Unternehmenswerte und des persönlichen Beitrags und Engagements zur Erreichung der Unternehmensziele. Neben fachlichen Aufgaben sind Führungskräfte insbesondere auch für die Personalführung ihrer Mitarbeiter verantwortlich. Wichtig sind dabei eine interkulturelle und zwischenmenschliche Sensibilität der Führungskräfte für chinesische Mitarbeiter sowie ein ausgeprägtes Fingerspitzengefühl, wie diese zu führen und zu begeistern sind. Auch der Aufbau von Vertrauen zu den Mitarbeitern ist gerade in China eine entscheidende Führungsaufgabe. Die Art und Weise, wie Mitarbeiter geführt werden, beeinflusst maßgeblich die Motivation und die Bindung der Mitarbeiter an das Unternehmen.

In China lässt sich immer wieder beobachten, wie im Unternehmen durch den Wechsel einer oberen Führungskraft und damit durch eine andere Führungsqualität die Fluktuation innerhalb kürzester Zeit von 5 auf 35 % hochschnellen oder auch umgekehrt von einer enorm hohen auf eine geringe Fluktuationsrate absacken kann. Daher müssen sich Führungskräfte ihrer exponierten Stellung in Bezug auf die Mitarbeiterbindung stets bewusst sein. Auch liegt die Identifikation von Talenten und deren Förderung und Forderung maßgeblich in den Händen der Führungskräfte. Mit anderen Worten bleiben sämtliche Maßnahmen eines strategischen Talentmanagements trotz aller Bemühungen des Personalmanagements unwirksam, wenn sie nicht durch persönliches Engagement der Führungskräfte vorangetrieben und umgesetzt werden. So hängt es sehr stark auch von der Führungsqualität der Führungsmannschaft in China ab, wie erfolgreich das Engagement in China sein wird.

Wie bereits angeklungen, gilt die Loyalität der chinesischen Mitarbeiter in erster Linie Personen und damit der Führungskraft und den Kollegen und nur nachrangig dem Unternehmen. So erfährt der Grundsatz, dass Mitarbeiter sehr oft nicht Unternehmen, sondern Führungskräfte verlassen, gerade im beziehungs- und harmonieorientiertem China eine besondere Bedeutung. Werden Mitarbeiter auf Führungspositionen in China gesetzt, die zwar hervorragende Fachkräfte sind, jedoch aufgrund ihrer sozialen Fähigkeiten schwach in der Personalführung im chinesischen Führungskontext, so führt dies direkt zu einer erhöhten Fluktuationsrate. Alle westlichen Expatriates, die in China Mitarbeiter führen, sollten sich daher mit ihrer besonderen Bedeutung für die erfolgreiche Umsetzung der Talentmanagementziele auseinandersetzen. Zentrales Problem ist das oftmals fehlende Verständnis beider Kulturen für die spezifischen Denk- und Verhaltensweisen der jeweils anderen Kultur: Gerade bei der disziplinarischen Personalführung berichten westliche Führungskräfte immer wieder, dass sie die kulturellen Unterschiede zu ihren chinesischen Mitarbeitern besonders stark zu spüren bekommen.

- Chinesische Mitarbeiter und Kollegen wiederum bemängeln oftmals unzureichendes Feingefühl und fehlende interkulturelle Sensibilität westlicher Führungskräfte in der Personalführung.

Aufgrund der großen kulturellen Unterschiede kommt es häufig zu offen sichtbaren Problemen in der Mitarbeiterführung. Oft genug allerdings erkennen westliche Führungskräfte erst gar nicht die bestehenden Probleme in der Führung, auch wenn ihre chinesischen Mitarbeiter diese deutlich wahrnehmen. Allerdings sind gerade die unerkannten Probleme in der Personalführung besonders riskant, da sie zu negativen Konsequenzen wie innerer Kündigung oder erhöhter Fluktuation der Mitarbeiter führen können, ohne dass von Unternehmensseite rechtzeitig gegengesteuert werden kann.

Was zeichnet nun westliche Führungskräfte aus, die in China erfolgreich Personal führen und denen es gelingt, ihre chinesischen Mitarbeiter zu entwickeln, zu motivieren und an das Unternehmen zu binden?

Westliche Führungskräfte, die erfolgreich chinesische Mitarbeiter führen, wenden einen kultur- und situationsadäquaten Führungsansatz an. Er umfasst mehrere Aspekte:

- Sie verstehen den chinesischen Führungskontext und dessen kulturspezifischen Besonderheiten.
- Ferner verstehen sie die Werte und Bedürfnisse ihrer chinesischen Mitarbeiter und berücksichtigen diese in ihrem Führungsverhalten.
- Darüber hinaus verstehen und definieren sie ihre eigene Führungsrolle in China und gestalten diese situationsadäquat aus.

Nachfolgende Abbildung veranschaulicht das Rahmenmodell zur kultur- und situationsadäquaten Führung in China. Wichtig dabei ist, dass die einzelnen Elemente dieses Rahmenmodells stimmig zueinander sind.

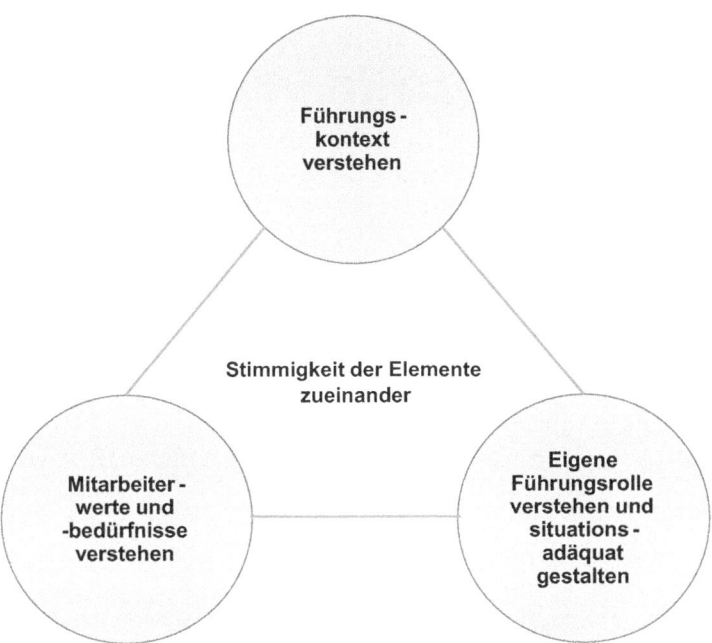

Elemente einer situations- und kulturadäquaten Führung

Grundsätzlich kann es keinen „allgemeingültigen" Führungsstil geben, der für alle chinesischen Mitarbeiter einheitlich angewendet werden kann. Dafür ist das Land China zu groß und seine Einwohner zu heterogen. Vielmehr ist es erforderlich, den konkreten Führungskontext des eigenen Verantwortungsbereichs sowie die individuellen Werte und Bedürfnisse seiner chinesischen Mitarbeiter zu verstehen. Auf dieser Basis kann situativ und individuell geführt und das eigene Führungsverhalten stimmig daran ausgerichtet werden.

Die einzelnen Elemente werden nachfolgend detailliert beleuchtet und anhand von ausgewählten Erfahrungsberichten westlicher Expatriates in China praxisnah erörtert.

Führungskontext in China verstehen 6

Wenn du jemandem nicht vertraust, gehe keine Arbeitsbeziehung mit ihm ein. Bist du eine Arbeitsbeziehung mit ihm eingegangen, bringe ihm Vertrauen entgegen

(Chinesisches Sprichwort).

Zusammenfassung

Um den Führungskontext in China richtig zu interpretieren, muss insbesondere die herausragende Bedeutung von Vertrauen verstanden werden. Erfolgreiche Mitarbeiterführung ohne ein solides Vertrauensverhältnis funktioniert in China nicht. Ebenso wie erfolgreiche chinesische Geschäftsbeziehungen auf langfristigen Bindungen und Vertrauen beruhen, die Schritt für Schritt erarbeitet und aufgebaut werden müssen, so gilt dies auch für die Beziehung zwischen einer Führungskraft und ihren Mitarbeitern. Einem guten zwischenmenschlichen Verhältnis sowie einer gegenseitigen Vertrauensbeziehung kommt daher eine wichtige Bedeutung für die Mitarbeiterführung zu. Eine Führungskraft, die ihr Team ohne eine solide Vertrauensbasis führt und gleichzeitig mit dem Team anspruchsvolle Ziele erreichen möchte, kann mit einem Fahrradfahrer verglichen werden, der mit einem platten Reifen fährt. Es geht nur schleppend und unter höchster Anstrengung voran, jedoch holpert und eiert es und nach einiger Zeit wird das Fahrrad schließlich ganz zum Erliegen kommen. Der Zielort wird womöglich nie erreicht.

Eine Vertrauensbeziehung zwischen Führungskraft und ihrem Team entsteht nicht von allein und nicht über Nacht. Vielmehr muss die Führungskraft bewusst und kontinuierlich in vertrauensbildende Maßnahmen investieren. Dies kommt in oben stehender Analogie dem regelmäßigen Aufpumpen des Fahrrads gleich. Hierzu zählen Gespräche und gemeinsame Unternehmungen mit den Mitarbeitern, beispielsweise im Rahmen gemeinsamer Mittag- oder Abendessen oder weiterer Freizeitaktivitäten. Dadurch lernen Führungskräfte die eigenen Mitarbeiter nicht nur als Arbeitskräfte kennen, sondern auch als private Menschen mit individuellen Bedürfnissen und Interessen. Dies erfordert von Führungskräften ein aufrichtiges Interesse an den Mitarbeitern sowie entsprechend Zeit. Doch diese ist gut investiert, wenn dadurch die Zusammenarbeit mit dem Team sowie das Erreichen der gemeinsamen Ziele maßgeblich erleichtert werden können. So kommt es gewissermaßen zu einem Zeitparadoxon für Führungskräfte: Gerade im hochdynamischen China, wo Geschwindigkeit nur allzu oft ein Erfolgskriterium ist, muss man sich besonders Zeit für die Führung seiner Mitarbeiter nehmen.

Stets zu berücksichtigen ist, dass Vertrauen in China auch schnell verspielt werden kann, wenn sich die Führungskraft gegenüber ihren Mitarbeitern unfair, unglaubwürdig oder unberechenbar verhält. Dies kann beispielsweise der Fall sein, wenn eine Führungskraft einen chinesischen Mitarbeiter vor anderen scharf kritisiert, im schlimmsten Fall sogar laut wird und damit einen Gesichtsverlust des Mitarbeiters hervorruft. Ist es erst mal zu einer Störung des Vertrauensverhältnisses zwischen Führungskraft und Team gekommen, lässt sich eine gute Vertrauensbasis nur schwer wiederherstellen. Diese Zusammenhänge sind äußerst treffend in dem nachfolgenden Zitat zur Charakterisierung von Vertrauen in der chinesischen Kultur zusammengefasst:

> It takes time to establish, it's easy to lose, and once lost, it's difficult to regain (Luo et al. 2007).

Insgesamt ist davor zu warnen, bewährte westliche Führungsinstrumente und -stile eins zu eins auf den chinesischen Kontext zu übertragen. Das unreflektierte „Überstülpen" des persönlichen westlichen Führungsstils auf chinesische Mitarbeiter wird kaum erfolgreich sein. Hierfür sind die kulturellen Unterschiede einfach zu groß. Beispielsweise ist der im Westen bewährte kooperative Führungsstil, der auf verantwortungsvollem und eigenständigem Handeln der Mitarbeiter beruht, in China nur bedingt geeignet und muss durch klare Zielvorgaben und konkrete Anforderungen flankiert werden. Denn Chinesen haben einen großen Respekt vor Alter, Hierarchie und Position. Diese Hierarchiegebundenheit führt dazu, dass chinesische Mitarbeiter in der Regel auf Anweisungen ihres Vorgesetzten warten und nicht selbst die Initiative für Entscheidungen ergreifen.

Bleiben klare Anweisungen und Entscheidungen der Führungskraft aus und werden sie an die chinesischen Mitarbeiter delegiert, sind letztere oftmals irritiert und zweifeln an der Führungsrolle ihres Vorgesetzten. Vor diesem Hintergrund ist es wichtig, die kulturspezifischen Besonderheiten und die Werte und Bedürfnisse chinesischer Mitarbeiter zu verstehen.

Ferner trägt es zum Vertrauensaufbau bei, wenn die gegenseitige Wertschätzung von westlicher Führungskraft und chinesischen Mitarbeitern klar spürbar ist. Dies kann durch einfache Gesten erfolgen. Führungskräfte können beispielsweise ihre chinesischen Mitarbeiter um Rat fragen oder ihre Meinung zu bestimmten Themenstellungen einholen. Die Mitarbeiter bekommen durch derartige Gesten das Gefühl vermittelt, dass ihre Meinung und ihr Rat geschätzt werden und vor allem auch willkommen sind.

Werte und Bedürfnisse chinesischer Mitarbeiter verstehen 7

Zusammenfassung

Am chinesischen Markt wird nur reüssieren, wer die Chinesen versteht und entsprechend auf ihre Bedürfnisse eingeht Dies gilt für chinesische Kunden wie auch für chinesische Mitarbeiter. Die Mitarbeiterwerte und -bedürfnisse beeinflussen maßgeblich, was chinesischen Mitarbeitern wichtig ist, wie sie denken, sich verhalten und kommunizieren. Um daher chinesische Mitarbeiter zu verstehen und adäquat mit ihnen umgehen zu können, ist es unerlässlich, sich mit ihren zugrunde liegenden Werten und Bedürfnissen auseinanderzusetzen. Dabei reicht reines Beobachten allerdings nicht aus. Denn Beobachten führt dazu, Verhaltensweisen und Kommunikationsbotschaften der Mitarbeiter wahrzunehmen, die oberhalb der Sichtbarkeitslinie verlaufen. Die Ursachen allerdings, die tief greifender sind und gerade in der chinesischen Kultur oftmals unausgesprochen bleiben, lassen sich durch reines Beobachten nicht erfassen.

Westliche Führungskräfte sollten sich schon vor der Übernahme von Führungsverantwortung in China mit den zugrunde liegenden Mitarbeiterwerten und -bedürfnissen auseinandersetzen, die unterhalb der Sichtbarkeitslinie verlaufen (wie in Abb. 7.1 veranschaulicht). Dies kann in interkulturellen Vorbereitungstrainings vor der Entsendung nach China erfolgen. Sinnvoll dabei ist, erfahrene westliche Führungskräfte, die in China bereits erfolgreich Personal geführt haben, in die Trainings zu integrieren, beispielsweise als Co-Trainer. Denn diese haben gegenüber externen Trainern, die auf interkulturelle Themen spezialisiert sind, den maßgeblichen Vorteil, dass sie die kulturellen Herausforderungen der Mitarbeiterführung vor dem Hintergrund des spezifischen Unternehmenskontexts und der dortigen Belegschaft beleuchten und wertvolle Hinweise und vor allem auch persönliche „Lessons Learned" vermitteln können.

Die schon vorbereitende Auseinandersetzung mit den Mitarbeiterwerten und -bedürfnissen ermöglicht es, von Beginn an für die kulturspezifischen Besonderheiten in der Mitarbeiterführung und für unausgesprochene Signale und Botschaften der Mitarbeiter

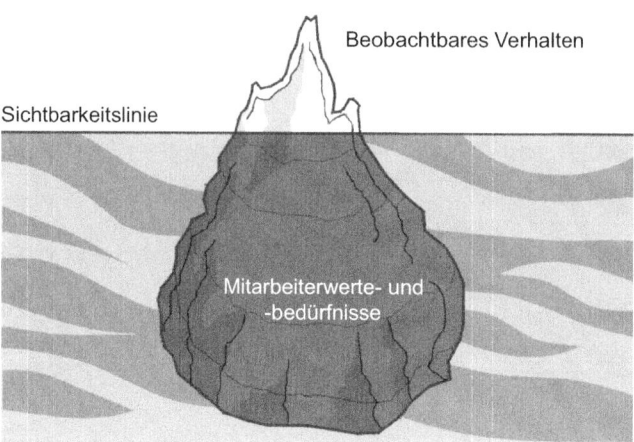

Abb. 7.1 Unsichtbare Mitarbeiterwerte und -bedürfnisse

sensibilisiert zu sein. Dies hilft, ungewollte Missverständnisse zu vermeiden und von Anfang an am Vertrauensaufbau arbeiten zu können.

Erfahrene westliche Führungskräfte in China raten dazu, sich ein paar ausgewählte Vertrauenspersonen in der chinesischen Belegschaft zu suchen, zu denen ein besonders enges persönliches Verhältnis besteht. Diese Vertrauenspersonen können als „Ohr in die Organisation" genutzt werden und den westlichen Führungskräften wertvolle Hinweise und Feedback geben.

Nachfolgend werden die vorherrschenden Werthaltungen, Denkweisen und Kommunikationsarten der Chinesen näher beleuchtet.

7.1 Vorherrschende Werthaltungen, Denk- und Kommunikationsweisen der Chinesen

Auch wenn es angesichts der modernen, westlich anmutenden Zentren der Großstädte des modernen Chinas oftmals in Vergessenheit gerät: Die chinesische Gesellschaft ist im Kern nach wie vor konfuzianisch beeinflusst. So prägen die Regeln des einflussreichen chinesischen Philosophen, der um 560 vor Christus lebte, noch weite Teile des chinesischen Privat- und Berufslebens. Die Kenntnis der Grundregeln des Konfuzianismus trägt dazu bei, chinesisches Denken und Handeln sowie damit auch das chinesische Miteinander im Privat- und Berufsleben zu verstehen.

Im Folgenden werden die Kernaussagen des Konfuzianismus in prägnanter Form zusammengefasst und deren Auswirkung auf die vorherrschenden Werthaltungen beschrieben (Abschn. 7.1.1). Anschließend werden die wesentlichen Denk- und Kommunikationsweisen der Chinesen beleuchtet. Dabei werden zur Verdeutlichung wesentlicher Unterschiede und zum Aufzeigen möglicher Lösungsansätze ausgewählte Erfahrungsberichte westlicher Expatriates in China angeführt (Abschn. 7.1.2).

7.1.1 Die fünf Beziehungen („Wu Lun") und deren Einfluss auf die Werthaltungen

Unterhalb der bereits angesprochenen Sichtbarkeitslinie sind in der chinesischen Gesellschaft konfuzianische Werthaltungen verwurzelt, die im Wesentlichen auf fünf sozialen Beziehungen beruhen. Die fünf Beziehungen regeln das zwischenmenschliche Verhalten und geben klare Regeln vor, wie das Verhältnis bestimmter Personengruppen zueinander ist und wie sich diese zueinander zu verhalten haben. Jeder Einzelne hat die ihm zugewiesenen Regeln und Verhaltensnormen zu beachten, seine jeweilige Rolle auszufüllen und bestehende Autoritätsverhältnisse zu respektieren. Nach konfuzianischer Auffassung wird dadurch nachhaltig die Harmonie zwischen den agierenden Personen und damit auch die Harmonie im gesellschaftlichen Miteinander gesichert. Das Verhältnis der unterschiedlichen gesellschaftlichen Personengruppen zueinander wird in „Fürsorge-" und „Loyalitätspflichten" unterschieden. Einen Überblick über die fünf Beziehungen bietet die Abb. 7.2.

- Höchste Priorität in der chinesischen Gesellschaft hat die Beziehung zwischen *Eltern und Kindern*. Diese ist dadurch gekennzeichnet, dass die Eltern die Pflicht haben, sich mit aufopfernder Hingabe und Liebe der Erziehung und Ernährung ihrer Kinder zu widmen. Chinesische Eltern streben danach, ihren Kindern den Nährboden

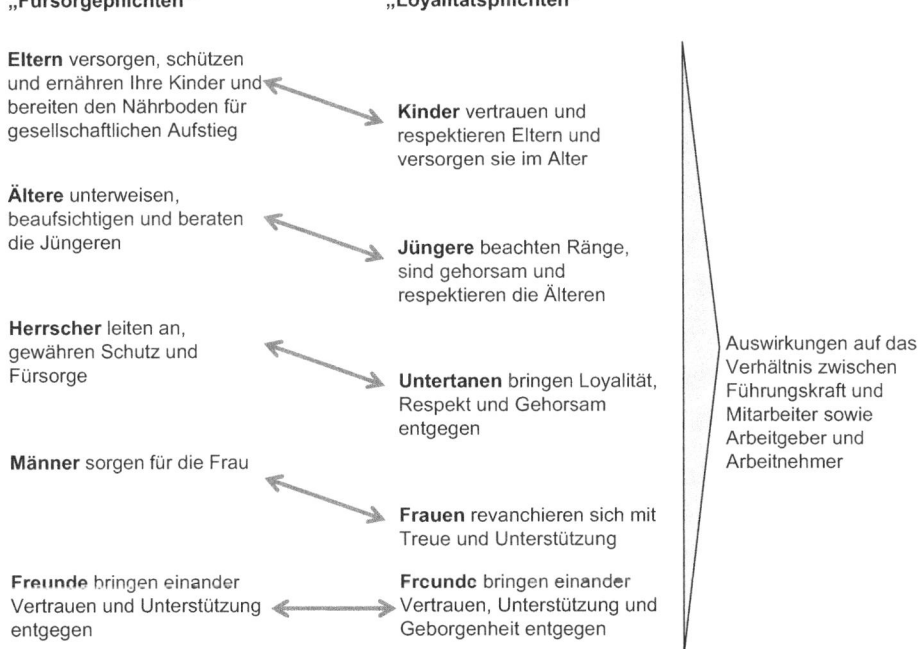

Abb. 7.2 Harmonie durch Einhaltung gegenseitiger Verpflichtungen

für den gesellschaftlichen Aufstieg zu bieten. Dies erklärt den hohen Stellenwert, den eine gute Ausbildung in China einnimmt. Für die Kinder gibt es im Gegenzug keine höhere Pflicht als die Achtung und der Dienst an den Eltern sowie ihnen höchsten Respekt entgegenzubringen. Diese Verpflichtung ist auch im modernen China spürbar. So berichten westliche Führungskräfte oftmals verwundert, dass chinesische Mitarbeiter „alles stehen und liegen lassen", wenn die Eltern dringende Hilfe benötigen. Wenn es das Tagesgeschäft erlaubt, sind Führungskräfte gut beraten, in einem solchen Fall Verständnis für ihre Mitarbeiter aufzubringen und nach flexiblen Lösungen zu suchen.

- Ferner ist im Konfuzianismus die Beziehung zwischen *Älteren und Jüngeren* klar geregelt. Der Ältere hat demnach klare Unterweisungsrechte und Aufsichtspflichten gegenüber dem Jüngeren, dieser wiederum muss dem Älteren Respekt und Gehorsam entgegenbringen. Die Achtung des Alters wird im chinesischen Berufsleben sehr deutlich, da dort das Senioritätsprinzip noch weit verbreitet ist. Viele Chinesen bevorzugen nicht nur ältere Geschäftspartner, sondern sehr oft auch ältere Führungskräfte. Werden recht junge westliche Expatriates nach China als Führungskräfte entsandt, sollten in jedem Fall profunde Fachkenntnisse und relevante Berufserfahrung den Mangel an lebensalterbezogener Seniorität kompensieren. Darüber hinaus ist ein entsprechend reifes Auftreten, was durch Verhalten und Äußeres unterstützt werden kann, hilfreich.
- Ebenso ist die Beziehung zwischen *Herrscher und Untertan* im Konfuzianismus geregelt. Der Herrscher gewährt seinem Untertan Fürsorge und Schutz. Dieser erwidert dies mit entsprechendem Dank und Loyalität. Die Beziehung zwischen Führungskraft und Mitarbeiter ist in diese konfuzianische Beziehungskategorie einzuordnen. Das heißt, dass ein Mitarbeiter von seiner Führungskraft auch in der modernen Arbeitswelt Fürsorge und Schutz erwartet. Das äußert sich beispielsweise darin, dass sich Führungskräfte in China nach dem Wohlergehen der Familie ihrer Mitarbeiter erkundigen und gegebenenfalls auch ihre Unterstützung anbieten. Mit anderen Worten endet die Fürsorge einer Führungskraft in China nicht mit Dienstschluss. Nur wenn die Mitarbeiter eine solche Form der Fürsorge von ihrer Führungskraft wahrnehmen, bringen sie ihr entsprechend Loyalität und Dank entgegen. Je stärker eine Führungskraft in China ihre Fürsorgepflicht ausübt und persönliches Interesse an ihren Mitarbeitern zeigt, desto höher wird die empfundene Loyalität der Mitarbeiter gegenüber der Führungskraft sein.
- Auch die Beziehung zwischen *Mann und Frau* ist geregelt. Während der Mann für seine Frau und seine Familie eine Versorgerrolle einnimmt, bringt ihm seine Frau Treue und Respekt entgegen. Unter der Regierung von Mao allerdings ist genau diese konfuzianische Rollenaufteilung zwischen Mann und Frau erheblich aufgeweicht worden, indem Mao den Satz prägte: „Die Frauen tragen die Hälfte des Himmels." Durch Mao haben die Frauen mehr Rechte erhalten. Seither nehmen die Frauen analog zu westlichen Gesellschaften sowohl im Privat- als auch im Berufsleben eine

gleichberechtigte Stellung ein. Insbesondere sind Frauen in Fach- und Führungspositionen in China inzwischen ein weit verbreitetes, selbstverständliches Phänomen, was nicht zuletzt auf einen hohen Zusammenhalt der Großfamilie und sehr gute Kinderbetreuungsmöglichkeiten zurückzuführen ist.
- Die letzte der fünf Beziehungen beschreibt die Beziehung zwischen *Freunden*. Es ist die einzige der fünf Beziehungen, die einen Austausch auf Augenhöhe mit analogen Verpflichtungen beschreibt. Demnach haben sich beide Seiten gleichermaßen Vertrauen, Unterstützung und Verlässlichkeit entgegenzubringen. Freunde gelten in China als selbst gewählter „erweiterter Arm der Familie". Aus diesem Grund kommt es in China im Berufsleben immer wieder vor, dass beispielsweise versucht wird, Freunde als Kollegen in das Unternehmen hineinzubringen oder an sie Aufträge als Geschäftspartner zu erteilen. Westliche Führungskräfte haben daher Empfehlungen ihrer Mitarbeiter vor dem Hintergrund dieser Werthaltungen zu beleuchten und entsprechend sorgfältig zu überprüfen.

Wichtig bei den fünf Beziehungen sind eine gewisse zeitliche Kontinuität und eine gegenseitige Verlässlichkeit. Das heißt, dass die Austauschbeziehung nur dann effektiv funktioniert und von beiden Beziehungspartnern mit entsprechender Loyalität mitgetragen wird, wenn sich im Zeitablauf eine vertrauensvolle Beziehung aufgebaut und erfolgreich bewährt hat.

Neben den dargestellten fünf Beziehungen existieren in China noch weitere vorherrschende Werthaltungen der Chinesen, die nicht minder bedeutsam und daher bei der Personalführung entsprechend zu beachten sind. Diese sind in der Abb. 7.3 zusammengefasst.

- Der Aufbau von *harmonischen zwischenmenschlichen Beziehungen* nimmt für Chinesen im gesellschaftlichen Miteinander eine hohe Bedeutung ein. Erst wenn ein solides, vertrauensvolles und harmonisches Verhältnis etabliert ist, sind Chinesen zu Loyalität und Hingabe bereit. Je mehr Führungskräfte in China dazu beitragen, harmonische Beziehungen zu ihren Mitarbeitern sowie ein harmonisches soziales Arbeitsumfeld zu etablieren, desto mehr Hingabe und Loyalität ihrer Mitarbeiter können sie erwarten.

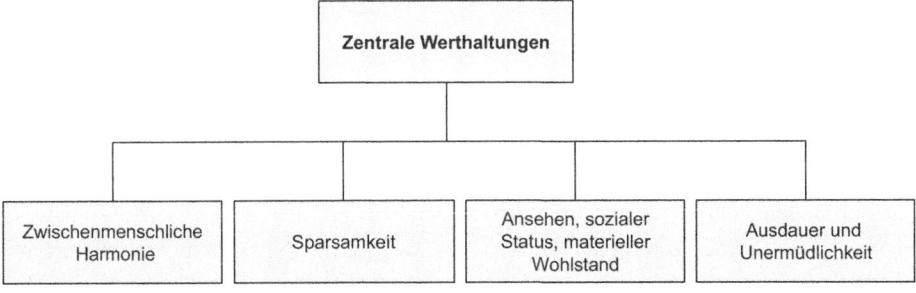

Abb. 7.3 Zentrale Werthaltungen der Chinesen

- Aufgrund der Instabilität der wirtschaftlichen und politischen Lage haben Chinesen über Generationen hinweg gelernt, *sparsam* zu sein und ihr Vermögen sukzessive aufzubauen, damit ein Puffer für schwierige Zeiten sowie für Nachfolgegenerationen aufgebaut werden kann. Ebenso ist ein Puffer für mögliche Unterstützungsleistungen für Familienmitglieder, in der Regel für die Eltern im Ruhestand, zurückzulegen. In China stellen Sparsamkeit und eine ausgeprägte Konsumfreude keine Widersprüche dar, denn es wird versucht, beide Ziele miteinander zu vereinen. Vor diesem Hintergrund sind chinesischen Mitarbeitern eine hohe Vergütung und die Aussicht auf entsprechende Steigerungen sehr wichtig. Die ursprüngliche Werthaltung der Sparsamkeit hat in China in den letzten Jahrzehnten allerdings eine deutlich andere und weiterreichende Nuance erfahren. Inzwischen gilt reich werden als Lebensziel vieler Chinesen. Anders als in westlichen Gesellschaften allerdings ruft in China Reichtum kaum Neid, sondern eher Bewunderung hervor.
- Auch *Ansehen, sozialer Status sowie das Streben nach materiellem Wohlstand* besitzen eine hohe Bedeutung im chinesischen Wertegefüge. Chinesen werden von Kindesbeinen an auf Erfolg und Weiterkommen gedrillt und sind bereit, hierfür entsprechend Ausdauer, Disziplin und Einsatzbereitschaft zu zeigen. Der Erfolgsdrill chinesischer Eltern, die ihrem Kind ein besseres Leben als das eigene ermöglichen wollen, ist weltweit ohne Beispiel. So fokussieren Eltern oft ihren ganzen Ehrgeiz auf ihr einziges Kind, das es einmal besser haben soll als sie selbst. Nirgendwo anders geben Eltern relativ zu ihrem Einkommen und Vermögensverhältnissen so viel Geld für die Ausbildung ihres Kindes aus wie in China. Denn das Kind ist ihr ganzer Stolz und oftmals auch ihre einzige Altersvorsorge. Der Wille zum Erfolg wird den Kindern quasi in die Wiege gelegt. So streben chinesische Mitarbeiter danach, sich beispielsweise über attraktive Jobs mit attraktiv klingenden Titeln bei renommierten Arbeitgebern Ansehen und sozialen Status zu erarbeiten.
- Ebenso stellen *Ausdauer und Unermüdlichkeit* zentrale Werte in der chinesischen Gesellschaft dar. Faulheit und Trägheit hingegen sind verpönt. Chinesische Mitarbeiter, denen klare Aufgaben zugewiesen und konkrete Ziele vorgegeben werden, setzen sich in der Regel mit großem Engagement zur Erreichung dieser Ziele ein. Voraussetzung dabei ist, dass sie das Gefühl haben, dass ihre Führungskraft ihre Ausdauer und Unermüdlichkeit durch entsprechende Anerkennung zu schätzen weiß und die Bemühungen wahrnimmt.

7.1.2 Denk- und Kommunikationsweisen der Chinesen

Westliche und chinesische Denk- und Kommunikationsweisen unterscheiden sich voneinander. Jedem, der in China arbeitet und Mitarbeiter führt, muss sich dies bewusst machen. Chinesische Mitarbeiter denken aus westlicher Perspektive kompliziert und außerhalb der gewohnten Logik. Dies liegt unter anderem daran, dass Chinesen von klein auf in ihrer Erziehung und Ausbildung ihr Wissen anders vermittelt bekommen als im Westen. Wenn Chinesen lernen und sich neue Zusammenhänge erschließen wollen, eignen sie sich erst einmal einen großen Schatz an Faktenwissen an. Chinesische Schulen und Universitäten trimmen ihre Studenten, den Lernstoff auswendig zu lernen. Denn nach chinesischer Auffassung muss erst sehr viel Detailwissen zu einem bestimmten Thema angesammelt werden, um daraus Ableitungen machen oder auf dieser Basis Entscheidungen treffen zu können.

Im Gegensatz zum chinesischen Prinzip lernen Schüler und Studenten in der westlichen Welt schon sehr früh, abstrakt und in Analogien zu denken. Schule und Studium sind im Westen darauf ausgerichtet, eigenständiges Lernen zu fördern. Gemachte Lernerfahrungen in einem bestimmten Bereich werden auf einen anderen Bereich übertragen. Diese Denkweise ist Chinesen fremd. Daher sind chinesische Mitarbeiter oftmals überfordert, wenn sie von ihrer westlichen Führungskraft eine neue Aufgabe übertragen bekommen, die sie vorher noch nie gelöst haben. Die westliche Führungskraft hingegen ist der Auffassung, dass der chinesische Mitarbeiter die neue Aufgabe problemlos meistern wird, da dieser bereits analoge Aufgabenstellungen erfolgreich gelöst hat. Eine westliche Führungskraft schildert ihre persönlichen Erfahrungen wie folgt: „Ein Sinn für Abstraktion existiert in China nicht. Man muss jedes Puzzleteil erklären, und zwar jedes Mal von vorn."

Westliche Führungskräfte sind daher gut beraten, diese andersartigen Denkstrukturen zu berücksichtigen. Bei der Vergabe von Aufträgen oder der Zuweisung von Aufgaben an chinesische Mitarbeiter ist es hilfreich, ihnen möglichst klare und detaillierte Vorgaben zu machen. Dies gibt den chinesischen Mitarbeitern Sicherheit und Orientierung. Ferner ist es empfehlenswert, sich in regelmäßigen Abständen bei den Mitarbeitern über den Verlauf und Erfolg der Aufgabenerledigung zu informieren, um gegebenenfalls unterstützen oder gegensteuern zu können. In China ist ein solch regelmäßiges Nachfragen in der Zusammenarbeit sehr wichtig. Denn negative Entwicklungen werden von Chinesen oftmals verschwiegen, um das Gesicht nicht zu verlieren, obwohl eine frühzeitige Kommunikation von Problemen oder Unklarheiten das Entstehen größerer Probleme durchaus verhindern könnte. Für chinesische Mitarbeiter bedeutet es nämlich einen persönlichen Gesichtsverlust, zu offenbaren, dass sie die übertragenen Aufgaben nicht erfolgreich bewältigen können.

Ein Expatriate beschreibt die Herausforderung in der Kommunikation mit Chinesen folgendermaßen: „Das Schlimmste ist, dass sie einfach nicht sagen, wenn sie etwas nicht wissen oder nicht verstanden haben. Dadurch kommt es an notwendigen Stellen nicht zum Nachfragen und nicht zum Austausch benötigter Informationen. Mich kostet es enorm viel Zeit und Energie, herauszufinden, was sie verstanden haben und was nicht und wo der Kern des Problems liegt."

Diese chinesische Verhaltensweise steht in sehr engem Zusammenhang mit der kulturell bedingten Vermeidung offener Aussprachen und der Neigung, selbst dann nach außen Harmonie auszustrahlen, wenn im Inneren schon längst keine Harmonie mehr vorhanden ist. So bleibt bei der Kommunikation mit Chinesen vieles im Verborgenen oder wird lediglich äußerst subtil ausgedrückt. Folglich sind genaues Zuhören sowie aktives Nachhaken gefragt. Wie dies gelingen kann, zeigt folgendes Praxisbeispiel.

> **Praxisbeispiel**
> Ein deutscher Manager eines Dax-Konzerns, der als General Manager ein deutsch-chinesisches Joint-Venture-Unternehmen in Shanghai leitet, hat nachfolgende Erfahrungen gemacht:
>
> Ich habe gelernt, sehr genau zuzuhören und wenn es sein muss, auch mehrmals nachzufragen. Im Nachfragen bin ich inzwischen auch sehr hartnäckig. Ich hake immer genau nach und lasse mir erklären, wo meine Mitarbeiter gerade stehen. Diese Geduld musste ich mir erst mühsam angewöhnen. Doch inzwischen weiß ich, dass diese Zeit gut investiert ist. Viele Dinge werden hier nämlich nur beiläufig gesagt, in einem Nebensatz, doch sind es genau diese Dinge, die den ganzen Sachverhalt ändern.
>
> Und es kommt in der Kommunikation mit Chinesen immer auf die Zwischentöne an, die uns Ausländern oftmals verborgen bleiben. Manche Chinesen nicken vor sich hin und sagen: ‚Dui', was ‚Ja, das können wir so machen' bedeutet. Es ist aber ein anderes Ja als ein ‚Keyi', was bedeutet: ‚Ja, ich habe verstanden.' Aber auch das bedeutet noch längst keine Zustimmung. Da muss dann schon ein ‚Tong yi' kommen, erst dann kann man von einer wirklichen Zustimmung ausgehen. Im Zweifelsfall frage ich lieber einmal mehr nach, um wirklich sichergehen zu können, dass wir das Gleiche verstanden haben. Und ich schaue immer in die Gesichter und bin sensibel, was mir die Mimik verrät. Der Gesichtsausdruck muss stimmig zu dem Gesagten sein.

Ferner ist es in China für das gegenseitige Verständnis und die Zusammenarbeit sehr hilfreich, chinesischen Mitarbeitern und Kollegen Feedback zu geben und Feedback einzufordern. In China wird gerade durch die Orientierung der jüngeren Generationen an westlichen Verhaltensmustern das Feedbacknehmen und -geben zunehmend selbstverständlicher. Gleichwohl bedarf es eines besonderen kulturellen Feingefühls, in China Feedback zu geben, insbesondere wenn es sich um negatives Feedback zu Leistung, Verhalten und Potenzial handelt. Grundsätzlich gelten die grundlegenden Feedbackregeln, die auch im westlichen Kontext gelten. Hierzu zählen beispielsweise

- ein respektvoller Umgangston,
- Feedback unter vier Augen und nicht vor anderen,
- Feedback ausschließlich zu beeinflussbaren Verhaltensweisen, nicht zu unveränderlichen Persönlichkeitseigenschaften.

Zusätzlich zu beachten sind Feedbackregeln, die speziell für den chinesischen Kulturkontext gelten. Das Einhalten diese Feedbackregeln stellt sicher, dass zum einen die Botschaften akzeptiert werden und zum anderen die zwischenmenschliche Beziehung zwischen den Beteiligten bewahrt wird.

So ist in jedem Fall darauf zu achten, dass die Chinesen durch das Feedback nicht ihr Gesicht verlieren. Außerdem bietet es sich an, ein negatives Feedback zunächst mit einer positiven Botschaft einzuleiten. Daher sollten zunächst jene Aspekte positiv hervorgehoben werden, die in der Zusammenarbeit gut verlaufen sind und von denen man sich wünscht, dass sie so weitergeführt werden. Dies vermittelt dem chinesischen Gegenüber Wertschätzung und baut einen sozialen „Puffer" auf, um später auch kritische Punkte äußern zu können.

Empfehlenswert sind auch offene Fragen an den Mitarbeiter, um dessen Meinung und Sicht richtig aufzufassen und zu diskutieren. Darüber hinaus unterstreicht dies den Dialogcharakter eines Feedbackgesprächs und unterscheidet es von einem einseitigen Kritikgespräch.

Welche Konsequenten ein unsensibler Umgang mit Feedback an chinesische Mitarbeiter haben kann, beschreibt das folgende Zitat eines deutschen Abteilungsleiters eines mittelständischen Unternehmens in Beijing:

> Ich habe Expatriates erlebt, die unheimlich frustriert in die Unternehmenszentrale zurückgekehrt sind und nicht die Ergebnisse erreicht haben, die man sich von ihnen erwünscht hat. Sie hatten in China ungewollt gravierende Fehler im Umgang mit ihren chinesischen Mitarbeitern begangen, ihnen zum Beispiel vor versammelter Mannschaft kritisches und hartes Feedback gegeben oder sie auf Fehler hingewiesen. Die Belegschaft hat sich für diesen Gesichtsverlust entsprechend revanchiert. Sie hat die Expatriates von vielen Kommunikationswegen abgeschnitten und ihnen bewusst wichtige Einzelheiten vorenthalten. Diese Expatriates waren schließlich wie Fremdkörper im eigenen Unternehmen, die mit aller Kraft abgestoßen werden sollten.

Führungskräfte sind daher gut beraten, sich die vorherrschenden Werthaltungen und Denk- und Kommunikationsweisen der Chinesen bewusst zu machen und diese in ihrem Führungsverhalten zu berücksichtigen. Weitere Besonderheiten, die in der Personalführung chinesischer Mitarbeiter zu berücksichtigen sind, werden nachfolgend vorgestellt.

7.2 Guanxi und Mianzi: Die Bedeutung von sozialen Beziehungen und die Wahrung des Gesichts

In China werden nur die Führungskräfte erfolgreich sein, die wissen, welchen Stellenwert soziale Beziehungen sowie die Wahrung des Gesichts in China einnehmen. Diejenigen, die dies nicht nur berücksichtigen, sondern aktiv in ihrer Führung nutzen, werden ihre Ziele leichter erreichen.

7.2.1 Guanxi

Mit dem Begriff Guanxi werden komplexe zwischenmenschliche Beziehungsgeflechte bezeichnet. Wörtlich übersetzt bedeutet Guanxi „Beziehung" oder „Wichtigkeit". Für Chinesen stellt Guanxi einen festen und bedeutenden Bestandteil des gesellschaftlichen und beruflichen Lebens dar. Auch wenn es sich für westliche Ohren befremdlich anhören mag: Guanxi ist ein omnipräsentes Phänomen in China, das sich wie ein Spinnennetz durch alle gesellschaftlichen Schichten zieht. In Wirtschaft und Gesellschaft nehmen jene Guanxi-Netzwerke eine kaum zu unterschätzende Rolle ein. Die Nutzung dieser Netzwerke gilt keinesfalls als anrüchig in China, sondert bildet einen bedeutsamen Teil der gesellschaftlichen Spielregeln.

Die persönlichen Guanxi-Netzwerke werden kontinuierlich durch gegenseitige Gefälligkeiten und Freundschaftsdienste gestärkt und weiterentwickelt. Mit dieser Pflege von Beziehungen ist keinesfalls Korruption gemeint. Es handelt sich um eine besonders intensive Form des Gebens und Nehmens innerhalb des persönlichen Netzwerks und ein Gefühl von persönlicher Verpflichtung gegenüber den Mitgliedern des eigenen Netzwerks. Auf dieser Basis werden in China Aufträge, Lizenzen und Kredite vergeben. Auch werden so erfolgskritische Informationen ausgetauscht und Ratschläge gegeben sowie Kooperationspartner und Mitarbeiter ausgewählt. Ein großes funktionales Guanxi-Netzwerk bedeutet daher für den Chinesen zugleich ein enormes soziales Kapital und starken Einfluss in der chinesischen Gesellschaft. Im chinesischen Volksmund gibt es eine klare und weit verbreitete Erfolgsformel, die heißt:

$$\text{Erfolg} = (\text{Fleiß} + \text{Chance})^{\text{Guanxi}}$$

Auch wenn diese Formel etwas mechanistisch anmuten mag, ist die damit verbundene Aussage jedoch in China durchaus anerkannt. So arbeiten Führungskräfte und Mitarbeiter stets aktiv daran, ihr persönliches Guanxi zu pflegen und weiter auszubauen. Denn aus der Historie heraus haben Chinesen gelernt, dass sie sich in einer als unzuverlässig geltenden Umwelt ein Leben lang durch ihr persönliches Guanxi-Netzwerk absichern können. Vor allem auch können sie dadurch ihre persönlichen Chancen verbessern. Zwar geht man auch in China davon aus, dass Fleiß und berufliche Chancen wichtig sind und die Summe daraus Einfluss auf den beruflichen Erfolg hat. Aber erst das richtige Guanxi-Netzwerk führt dazu, dass sich der Erfolg potenziert. Mit anderen Worten heißt das: Beruflich am erfolgreichsten wird derjenige sein, der über das beste Guanxi verfügt.

Damit westliche Mitarbeiter und Führungskräfte das Guanxi-Phänomen verstehen, es berücksichtigen und im Idealfall für ihre Zwecke nutzen können, soll im Folgenden das Prinzip, wie Guanxi im Zugehörigkeits- und Gruppengefüge der Chinesen verankert ist, näher erläutert werden. Einen Überblick hierzu gewährt Abb. 7.4:

Chinesen neigen stark dazu, ihre soziale Welt in „innen" und „außen" einzuteilen. Sun Yat-Sen, der Vater der demokratischen Revolution in China von 1911, bezeichnete seine chinesischen Landsleute einmal als „eine Schüssel losen Sands", denn sie seien wie Milliarden von einzelnen Körnern, die nichts zusammenhält, außer dass es immer wieder Sandklumpen gibt, die sehr eng aneinanderkleben. Diese Sandklumpen stehen als Metapher für die Familie, den Klan und den Freundeskreis.

Überspitzt könnte man Chinesen als „Gruppenegoisten" bezeichnen: Für die Menschen ihrer „inneren" sozialen Welt sind sie bereit, alles zu tun. Was hingegen außerhalb ihrer „inneren" sozialen Welt passiert, interessiert sie nicht allzu sehr. Letzteres wird von

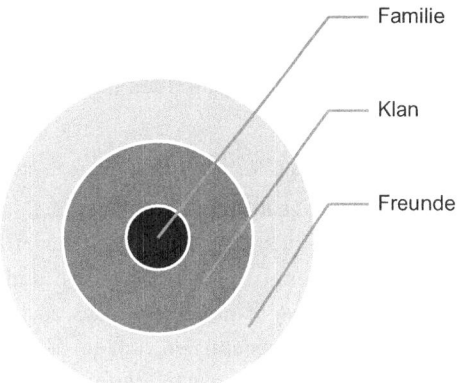

Abb. 7.4 Das Zugehörigkeits- und Gruppengefüge der Chinesen

Außenstehenden oftmals auch als Rücksichtslosigkeit gegenüber Menschen der „äußeren" Welt wahrgenommen. Zur inneren Welt zählen wie gesagt die Familie, die Freunde und der Klan. Diesen fühlen sich Chinesen weitaus stärker verbunden, als dies in westlichen Gesellschaften der Fall ist. Das führt zu Verpflichtungen, die sich auf das private und berufliche Leben auswirken. Dabei gibt es Abstufungen – je nachdem, wie intensiv das Zugehörigkeitsgefühl ist. Am stärksten fühlen sich demnach Chinesen ihrer Familie gegenüber verpflichtet, es folgen die Mitglieder des Freundeskreises und dann diejenigen des erweiterten Klans. Führungskräfte westlicher Unternehmen stehen bei der Führung ihrer chinesischen Mitarbeiter bezüglich des Guanxi vor zwei großen Herausforderungen:

- Zum einen sollten sie durch einen geeigneten Führungsstil versuchen, Teil des „Klans" oder gar des „Freundeskreises" der Mitarbeiter zu werden. Der Weg dorthin erfordert zwar intensive Beziehungsarbeit und viel Zeit, führt aber zu einer intensiveren Vertrauensbeziehung und Commitment der unterstellten Mitarbeiter. Führungskräfte, denen dies gelingt, werden mit einer intensiveren Loyalität und mit Wohlwollen ihrer Mitarbeiter rechnen können.
- Zum anderen sollten westliche Mitarbeiter versuchen, ein Verständnis für die persönlichen Guanxi-Netzwerke ihrer Mitarbeiter zu entwickeln, um diese gezielt nutzen zu können.[1] Dies kann auch so weit führen, dass Mitarbeiter gezielt aufgrund ihres persönlichen Guanxi-Netzwerks eingestellt werden, beispielsweise wenn sie über hervorragende Beziehungen zu chinesischen Behörden oder wichtigen Kundengruppen verfügen. Gleichwohl sind bestimmte persönliche Empfehlungen der Mitarbeiter, etwa hinsichtlich der Einstellung eines neuen Mitarbeiters, stets im Kontext des persönlichen Guanxi-Netzwerks der Mitarbeiter zu betrachten. Daher sollten derartige Empfehlungen stets auf Basis eines Mehr-Augen-Prinzips überprüft werden.

---

[1] Für einen Überblick zu Nutzungsmöglichkeiten des Guanxi für westliche Unternehmen vgl. Fargel et al. (2005, S. 10–12).

Die Auswirkungen von Guanxi bzw. die Unterschiede, die ein solches Beziehungsgefüge auf die Zusammenarbeit zwischen Führungskraft und Mitarbeiter und die erzielten Ergebnisse haben kann, werden in dem nachfolgenden Praxisbeispiel illustriert.

Praxisbeispiel
Zwei Jahre war Bernd Kunstmann (Name von der Autorin geändert) bereits als Geschäftsführer der deutschen Niederlassung eines mittelständischen Unternehmens in Shanghai. Er arbeitete viel und blieb abends oftmals bis 21 Uhr im Büro, während seine Mitarbeiter bereits nach Hause gegangen waren. Bernd Kunstmann nutzte die Abendstunden, um im Büro in Ruhe seine Themen, die tagsüber aufgrund von Terminen und Telefonaten unbearbeitet blieben, abzuarbeiten. Er sprach nur gebrochen Chinesisch. Sein Sprachrohr war seine chinesische Assistentin, Yuan Lee, die als ausgebildete Dolmetscherin stets korrekt für ihn übersetzte.

Seit Monaten war Bernd Kunstmann nun dabei, einen chinesischen Kunden zur Unterschrift eines für die Niederlassung sehr wichtigen Großauftrags zu bewegen. Eine Vielzahl an Verhandlungsbemühungen hatte in den vergangenen Monaten stattgefunden und beide Parteien hatten sich in ihren Vorstellungen angenähert. Die Unterschrift – und damit der erfolgreiche Geschäftsabschluss – stand, so dachte Herr Kunstmann, nun kurz bevor. Doch der Geschäftsabschluss kam nicht zustande. Völlig überraschend für Bernd Kunstmann teilte ihm der chinesische Kunde mit, dass ein Vertragsabschluss in nächster Zukunft nicht stattfinden würde. Offensichtlich hatte Bernd Kunstmann die Zweifel des Kunden nicht mitbekommen und konnte aus diesem Grund sein Angebot auch nicht nachbessern.

Yuan Lee hatte Bernd Kunstmann die Antworten des chinesischen Kunden zwar stets korrekt übersetzt, hatte ihn aber nicht über die mitschwingenden Zwischentöne informiert, die Zweifel des Kunden bereits seit geraumer Zeit hervorscheinen ließen. Yuan Lee hatte sich in ihrer Rolle als Dolmetscherin auf das korrekte Übersetzen beschränkt, denn dies stand in ihrer Funktionsbeschreibung. Jedoch hatte sie sich nicht als „rechte Hand" ihres Chefs verstanden, den es rechtzeitig zu warnen und auf die subtilen Töne zwischen den Zeilen hinzuweisen galt. Denn in Yuan Lees Wahrnehmung verhielt sich Bernd Kunstmann äußerst distanziert zu ihr und seinen weiteren Mitarbeitern. Er sah seine Mitarbeiter nur im Büro und hatte vor lauter Arbeit im Tagesgeschäft nicht daran gedacht, zu ihnen auch als Privatpersonen eine persönliche Beziehung aufzubauen.

Yuan Lee hätte das Missverständnis zwischen ihrem Chef und dem Kunden frühzeitig aufdecken und Bernd Kunstmann entsprechend vorwarnen können. Sie ließ Herrn Kunstmann nicht aus Böswilligkeit ins offene Messer laufen. Sie fühlte sich ihm schlicht und einfach nicht persönlich verpflichtet und erfüllte lediglich ihre Pflicht des Übersetzens. Als loyale rechte Hand ihres Chefs verstand sie sich nicht. Er war nicht Teil ihres Klans geworden und hatte sich darum auch nicht bemüht.

Auch wenn der Aufbau von Guanxi-Beziehungen und damit Bemühungen, Teil eines relevanten Klans oder gar Freundeskreises zu werden, zeitlichen Aufwand bedeutet, so liegen die Vorteile für das Erreichen von Zielen in China klar auf der Hand.

7.2.2 Mianzi

Soziale Anerkennung und der Ruf eines Menschen beruhen in China darauf, ob einem „Gesicht gegeben" oder einem das „Gesicht gewahrt" wird. Bei nahezu allem, was Chinesen tun, sind sie bestrebt, ihr Gesicht zu wahren, was sich sowohl im privaten als auch im beruflichen Alltag widerspiegelt. Der „Gesichtsverlust" stellt für Chinesen mehr als nur einen Affront dar. Wenn einem Chinesen ein solcher „Gesichtsverlust" zugefügt wird, ist die zwischenmenschliche Beziehung ziemlich sicher ruiniert und nur schwer wieder herzustellen. Für den Umgang mit chinesischen Kollegen und Mitarbeitern hat das zur Folge, dass eine „gesichtsschonende" Kommunikation und Umgang zu wählen ist. Selbst wenn Differenzen oder Uneinigkeiten mit Chinesen bestehen sollten, ist stets auf Gesichtswahrung zu achten. Für die Personalführung sind insbesondere zwei Punkte zu berücksichtigen:

- Chinesische Mitarbeiter sollten nie vor anderen Leuten offen kritisiert oder getadelt werden. Denn dies käme einem Gesichtsverlust vor Publikum gleich. Empfehlenswert für kritische Themen sind persönliche Gespräche unter vier Augen, in denen Kritik in eher indirekter Form geäußert und gleichzeitig die grundsätzliche Wertschätzung des Mitarbeiters zum Ausdruck gebracht wird. Darüber hinaus sollten Themen, die nicht ohne Gesichtsverlust adressiert werden können, falls möglich ausgespart werden. Denn der Preis eines Gesichtsverlusts ist in sehr häufigen Fällen mit dem Ende einer persönlichen Vertrauensbeziehung gleichzusetzen. Daher sollten Führungskräfte vorher überlegen, ob Sie diesen Preis bereit sind, zu bezahlen, oder ob es womöglich gesichtswahrende alternative Lösungen gibt.
- Hingegen können Führungskräfte gezielt gesichtsgebende Situationen schaffen, um guten Mitarbeitern Anerkennung und Wertschätzung entgegenzubringen und sie zu motivieren. Derartige gesichtsgebende Lösungen können beispielsweise die öffentliche Anerkennung der Leistungen oder der Kontakt zu hochrangigen Mitgliedern des Topmanagements sein.

7.3 Arbeits- und Lebenseinstellung chinesischer Mitarbeiter

Um einen adäquaten Führungsstil für chinesische Mitarbeiter entwickeln zu können, ist es hilfreich, sich mit der Arbeits- und Lebenseinstellung chinesischer Mitarbeiter auseinanderzusetzen. Denn die Kenntnis darüber, wie Chinesen in ihrer Erziehung und gesellschaftlichen Sozialisierung geprägt worden sind, ermöglicht es, das Verhalten chinesischer Mitarbeiter und Kollegen in einen übergeordneten Verständniskontext zu stellen. Daraus kann für das eigene Führungsverhalten abgeleitet werden, wie chinesische Mitarbeiter „ticken".

Jeder, der schon einmal mit Chinesen zusammengearbeitet hat, weiß, dass es für chinesische Mitarbeiter selbstverständlich ist, hart zu arbeiten. Oft wird in China der Satz geäußert: „Ich arbeite daran, dass es meiner Familie und China bessergeht." Der chinesische Drill hierfür geht schon im Kindesalter los: Eltern sind bestrebt, dass ihr einziges Kind in den bestmöglichen Kindergarten, in die bestmögliche Schule und schließlich Universität kommt. Daher motivieren viele Eltern ihre Kinder, bis tief in die Nacht zu lernen, um gute Noten zu erhalten. Schließlich wissen Chinesen, dass die Zeugnisse ihrer Kinder darüber entscheiden, ob diese Zugang zu renommierten Universitäten erhalten.

Alljährlich gelangen chinesische Schüler an ihre Belastungsgrenze, wenn es darum geht, für die zentrale Zugangsprüfung zu chinesischen Universitäten gut abzuschneiden. So lastet schon im frühen Alter ein enormer Leistungsdruck auf den Chinesen. Nach Abschluss der Schule, Ausbildung oder Universität wird von ihnen erwartet, einen möglichst angesehenen Job in einer möglichst renommierten Firma zu bekommen. Und dann lautet das Ziel, Karriere zu machen und sich und der Familie Respekt und Wohlstand zu verschaffen.

Die Grenze zwischen dem Privaten und Geschäftlichen ist in China wesentlich fließender als in westlichen Ländern. Das bedeutet, dass chinesische Mitarbeiter und Führungskräfte auch außerhalb der Arbeit in Form von außerbetrieblichen Aktivitäten gemeinsam Zeit miteinander verbringen. Üblich sind gemeinsame Unternehmungen in der Freizeit, beispielsweise gemeinsame Abendessen oder Kinobesuche. Ebenfalls weit verbreitet und äußerst beliebt ist die gemeinsame aktive Teilnahme an sportlichen Wettkämpfen, beispielsweise Tischtennis oder Badminton, oder der Besuch von Sport- oder Karaoke-Veranstaltungen. Und das durchaus mehrmals im Monat, um das Zusammengehörigkeitsgefühl und die zwischenmenschlichen Vertrauensbeziehungen zu stärken. Denn in der Vorstellung chinesischer Mitarbeiter kann eine Zusammenarbeit nur dann vertrauensvoll sein, wenn man ein gutes zwischenmenschliches Verhältnis zueinander hat und sich auch als Privatperson kennt. Chinesen fragen ihre Kollegen und Führungskräfte ganz selbstverständlich über das Privatleben aus, beispielsweise ob man verheiratet ist oder Kinder hat.

Die Anforderungen, die aufgrund der Vermischung von Privat- und Berufsleben auch an westliche Führungskräfte gestellt werden, aber auch die Vorteile, die daraus entstehen, wenn man sich darauf einlässt, fasst das nachfolgende Praxisbeispiel gut zusammen.

Praxisbeispiel:
Ein deutscher Manager eines Dax-Konzerns, der als General Manager ein deutsch-chinesisches Joint-Venture-Unternehmen in Wuhan leitet, berichtet: „Als Führungskraft in China ist man doppelt gefordert und fühlt sich dabei ständig wie auf der Überholspur. Ständig müssen Sie präsent sein: entweder für Ihre Kunden, Ihre Geschäftspartner oder für Ihre Mitarbeiter. Eine Grenze zwischen Privat- und Berufsleben gibt es in China quasi nicht.

Als ich neulich nachrechnete, fiel mir auf, dass es im letzten Jahr nur zwölf Wochenenden gab, an denen ich wirklich frei hatte. Die restlichen Wochenenden war ich immer auch dienstlich unterwegs, zum Beispiel auf Hochzeiten von Mitarbeitern, bei Karaoke-Abenden, Badminton spielen oder gemeinsam Essen gehen. Dies erfordert unheimlich viel Energie und Kraft. Aber es zahlt sich aus. Meine chinesischen Mitarbeiter bringen nicht nur mir eine hohe Loyalität entgegen. Sie identifizieren sich auch im hohen Maße mit der Firma."

8 Eigene Führungsrolle in China verstehen

Zusammenfassung

Die eigene Führungsrolle sieht in China anders aus als im Westen. Die Führungskraft ist vor allem Vorbild und Integrationsfigur. Oftmals wird in China von einer „Vater"- bzw. „Mutterrolle" der Führungskraft gesprochen. Dies zieht nach sich, dass Chinesen in ihrem Loyalitätsempfinden nicht primär für das Unternehmen, sondern für ihre Führungskraft arbeiten. Deshalb ist es sehr wichtig, den chinesischen Mitarbeitern das Gefühl zu vermitteln, dass es sich für sie nicht nur materiell, sondern auch menschlich lohnt, für diese Führungskraft zu arbeiten.

Wie bereits angeklungen, ist das Chefbild im chinesischen Denken stark von dem konfuzianischen Rollenverständnis zwischen Herrscher und Untertan sowie von der erwähnten „Vaterrolle" geprägt. Die Führungskraft bringt ihren Mitarbeitern Fürsorge und Schutz entgegen, während sich die Mitarbeiter hierfür mit Loyalität zur Führungskraft und Engagement revanchieren. Dabei erwarten chinesische Mitarbeiter, dass auch westliche Führungskräfte eine fürsorgliche Rolle einnehmen und sich in diesem Zusammenhang auch für die privaten Belange ihrer Mitarbeiter interessieren. Dies umzusetzen, ist nicht immer einfach.

Westliche Führungskräfte stehen immer wieder vor der Herausforderung, einen Spagat meistern zu müssen:

- Denn einerseits haben sie in China anspruchsvolle Ziele zu erreichen, sodass ihr Tagesgeschäft mit Terminen und Aufgaben in der Regel mehr als ausgefüllt ist. Hinzu kommt in der Anfangszeit ein völlig neues Arbeitsumfeld, in das sich die westlichen Führungskräfte fachlich und kulturell einarbeiten müssen. Darüber hinaus bietet das hochdynamische interne und externe Unternehmensumfeld in China sehr oft kurzfristig auftretende Herausforderungen und Veränderungen, die als zusätzliche Aufgaben für die Führungskraft hinzukommen.

- Zum anderen erwarten ihre chinesischen Mitarbeiter von Beginn an, dass die westliche Führungskraft dem chinesischen Verständnis einer Führungskraft entspricht. Hierzu zählt, dass sich die Führungskraft während und auch nach der Arbeit Zeit für ihre Mitarbeiter nimmt und vertrauensvolle Beziehungen aufbaut. Dies geht mit einem teils erheblichen zusätzlichen Zeitaufwand einher.

Damit dieser Spagat gelingen kann, sind westliche Führungskräfte gut beraten, einen persönlichen Führungsstil zu wählen, der den Mitarbeitern auch während der Arbeitszeit ein offenes Ohr und Interesse an ihren beruflichen und privaten Belangen signalisiert. Dadurch kann die vermeintliche Dichotomie zwischen Berufs- und Arbeitszeit in Hinblick auf den Aufbau von Vertrauen zumindest teilweise aufgehoben werden. Für die Ableitung des eigenen persönlichen Führungsstils sind zentrale Führungsprinzipien zu beachten, die nachfolgend vorgestellt werden.

8.1 Zentrale Elemente einer erfolgreichen Personalführung in China und Entwicklung eines persönlichen, kulturadäquaten Führungsstils

> Wenn du jemandem einen Rat geben willst, dann hebe nicht sofort seine Schwächen hervor, sondern lobe ihn erst und betone seine Stärken, denn glückliche Menschen sind leichter durch Worte zu beeinflussen als verärgerte (Chinesisches Sprichwort).

Erfolgreiche Mitarbeiterführung bedeutet in China, ein aufrichtiges Interesse und Gespür für seine Mitarbeiter zu haben und mit einer vorbildlichen Selbstdisziplin und hohem persönlichen Einsatz zu führen. Basis einer erfolgreichen Personalführung ist eine gute zwischenmenschliche Beziehung zwischen der Führungskraft und ihren Mitarbeitern.

Wie bereits angeklungen, gibt es keine allgemein gültigen Führungsprinzipien, die einheitlich in allen Situationen und bei allen chinesischen Mitarbeitern erfolgreich angewendet werden können. Vielmehr besteht die große Kunst der erfolgreichen Führung darin, die chinesischen Mitarbeiter möglichst situationsspezifisch und individuell zu führen. Dabei existieren zwei zentrale Elemente, die auch als „Ying und Yang" der Personalführung in China bezeichnet werden und als einfacher Orientierungsrahmen zur Ausrichtung des persönlichen, kulturadäquaten Führungsstils genutzt werden können. „Yin und Yang" der Führung sind in Abb. 8.1 dargestellt.

Der Orientierungsrahmen besitzt eine einfache, aber wichtige Botschaft:

- Zum einen ist in der Führung die gegenseitige *Wertschätzung* zwischen Führungskraft und Mitarbeiter sicherzustellen. Denn dies schafft die Basis für Vertrauen und Loyalität in der Zusammenarbeit.
- Zum anderen sollte die Führungskraft die chinesischen Mitarbeiter zur *Wertschöpfung* befähigen.

Abb. 8.1 „Yin und Yang" der Führung chinesischer Mitarbeiter

Wenn es einer Führungskraft gelingt, diese beiden Elemente in ihren eigenen Führungsstil zu integrieren und spürbar vorzuleben und darüber hinaus situationsspezifisch und individuell zu führen, dann wird sie mit hoher Wahrscheinlichkeit erfolgreich Mitarbeiter führen.

Es ist zwar zeitintensiv, jedoch nicht schwer, den Mitarbeitern Wertschätzung entgegenzubringen und Maßnahmen zu ergreifen, die zur Wertschöpfung befähigen. Nachfolgend werden konkrete und praktische Beispiele genannt, um das „Yin und Yang" der Personalführung in China umzusetzen.

8.1.1 Wertschätzung

Westliche Führungskräfte, die neu in China Führungsverantwortung übernehmen und ein chinesisches Team führen, sind gut beraten, sich gerade zu Beginn ausreichend Zeit für den Aufbau von Vertrauen und einer wertschätzenden zwischenmenschlichen Beziehung zu ihren Mitarbeitern zu nehmen. Dazu gehört, sich in Gesprächen mit den Mitarbeitern entsprechend Zeit für das gegenseitige Kennenlernen zu nehmen. So entwickeln Führungskräfte ein Gespür für die Bedürfnisse, Interessen, Kompetenzen und Erwartungen der einzelnen Mitarbeiter. Ferner werden die Führungskräfte sensibilisiert für die Situation und Gesamtstimmung im Team sowie für die zentralen Herausforderungen aus Sicht der Mitarbeiter. Dies schafft für die Führungskräfte die Basis, um möglichst situationsspezifisch und individuell auf ihr Team und die einzelnen Mitarbeiter einzugehen. Ihre Wertschätzung können Führungskräfte ihren Mitarbeitern auf unterschiedlichen Wegen vermitteln:

- So gilt in China gutes Zuhören als ist ein Zeichen von Wertschätzung. Daher sollte die Führungskraft ein offenes Ohr für die beruflichen, aber auch privaten Belange ihrer Mitarbeiter signalisieren. Gutes Zuhören ist gerade bei chinesischen Mitarbeitern besonders wichtig, die sich oftmals sehr subtil ausdrücken und es vermeiden, Missstände oder belastende Aspekte direkt anzusprechen. Daher sollten westliche Führungskräfte durch gutes Zuhören ein Gespür für die Botschaften „zwischen den Zeilen" entwickeln.
- Wertschätzung vermitteln Führungskräfte insbesondere auch durch Gesten. Beispielsweise besuchen Führungskräfte schon mal das kranke Kind eines Mitarbeiters im Krankenhaus oder versäumen es nicht, der Ehefrau eines Mitarbeiters Glückwünsche zum Geburtstag zukommen zu lassen. Gerade solchen Gesten wird in China eine große Bedeutung beigemessen, sie können die Loyalität der Mitarbeiter stärken.
- Ferner kann Wertschätzung gegenüber den chinesischen Mitarbeitern auch durch die bewusste Berücksichtigung von deren Bräuchen ausgedrückt werden. Hierzu zählen beispielsweise kleine Aufmerksamkeiten für die Mitarbeiter, wie das Mitbringen von Mondkuchen zum Mondfest oder die Übergabe von kleinen rot-goldenen Umschlägen mit Geldscheinen zum chinesischen Neujahrsfest. Zu den Bräuchen und auch zur Verhältnismäßigkeit von Geschenken können sich Führungskräfte von den Kollegen aus der lokalen Personalabteilung beraten lassen.
- Tritt mal eine Missstimmung zu einem der chinesischen Mitarbeiter auf, so kann Wertschätzung auch darüber vermittelt werden, dass problembezogene Gespräche am Arbeitsplatz zunächst beendet werden und die Führungskraft ihren Mitarbeiter in ein Restaurant zum Essen einlädt. Dadurch wird die Botschaft vermittelt, dass trotz Differenzen in der Arbeit der Mitarbeiter als Person wertgeschätzt wird.

8.1.2 Wertschöpfung

Westliche Führungskräfte sollten sich von Beginn an damit auseinandersetzen, wie sie am besten ihre chinesischen Mitarbeiter zur Wertschöpfung befähigen können. Dabei sind die Besonderheiten chinesischer Mitarbeiter zu berücksichtigen. Denn chinesische Mitarbeiter sind in der Regel hoch motiviert. Oftmals allerdings fehlt es ihnen an Eigeninitiative und Know-how, wie sie Aufgaben und Projekte selbstständig vorantreiben und lösen können. Hinzu kommen das sehr indirekte Kommunikationsverhalten der Chinesen und der Wunsch nach Gesichtswahrung, sodass auch bei auftretenden Fragen oder Problemen eher wenig nachgefragt wird. Westliche Führungskräfte sind daher gut beraten, folgende Aspekte zu beachten und in ihren Führungsstil zu integrieren:

- Chinesischen Mitarbeitern sollten klare Ziele vorgegeben, auf deren Basis sie geführt werden. Die Ziele und die damit verbundenen Ergebnisse, welche die Führungskraft von den Mitarbeitern erwartet, sowie der verfügbare Zeitrahmen für die Bearbeitung der Aufgaben sind dabei möglichst konkret zu beschreiben.

- Darüber hinaus empfiehlt es sich, bei den Mitarbeitern mehrmals nachzufragen, ob sie ihre Aufgaben und Aufträge richtig verstanden haben. Gegebenenfalls kann es hilfreich sein, die Mitarbeiter die Aufgaben und Ziele nochmals in eigenen Worten zusammenfassen zu lassen. Wenn eine westliche Führungskraft das Gefühl hat, ihre Gedanken gar nicht mit Worten an die chinesischen Mitarbeiter vermitteln zu können, sollte sie nicht davor zurückscheuen, den Sachverhalt aufzuzeichnen.
- Die Erwartungshaltung muss den Mitarbeitern klar kommuniziert werden, damit diese ihr Handeln an diesen Erwartungen ausrichten können. Dies schließt auch die explizite Ermunterung der Mitarbeiter mit ein, ihre eigenen Ideen und Gedanken sowie vor allem lokalspezifisches Wissen und Erfahrungen einzubringen.
- Den Fortschritt der Arbeit sowie Teilergebnisse sollten westliche Führungskräfte in regelmäßigen Abständen kontrollieren. Dabei sollte den Mitarbeitern allerdings keine „Kontrollwut", sondern vielmehr ein aufrichtiges Interesse der Führungskraft an den Ergebnissen vermittelt werden. Dies ist wichtig, damit die Mitarbeiter die Kontrolle des Fortschritts nicht als mangelndes Vertrauen auffassen. Die regelmäßige Fortschrittsüberwachung ermöglicht es der Führungskraft, auftretende Fragen und Probleme möglichst frühzeitig zu erkennen und gegebenenfalls Unterstützung anbieten und gegensteuern zu können.
- Für die Erreichung der Ziele und die Erfüllung der Aufgaben sollten Mitarbeiter belohnt werden. Denn dies erhöht die Motivation, wertschöpfende Ergebnisse zu erbringen. Die Belohnung können monetäre Anreize wie beispielsweise leistungsabhängige Boni sein. Sehr wichtig ist in China allerdings auch das ausgesprochene Lob und Anerkennung.
- Selbst wenn ein Mitarbeiter seine Ziele nicht erreicht oder die erforderlichen Leistungen nicht erbringt, sollte die Führungskraft Kritik nie vor anderen Menschen, sondern nur unter vier Augen äußern. In einem solchen Gespräch sollte die Führungskraft gemeinsam mit dem Mitarbeiter besprechen, wie im weiteren Prozess die Zusammenarbeit und Unterstützung gestaltet werden kann, damit die anvisierten Leistungen und Ziele schließlich doch erreicht werden können.

Abschließend noch zwei Hinweise zur Entwicklung eines persönlichen, kulturadäquaten Führungsstils:

- Um als westliche Führungskraft in China erfolgreich zu sein, muss keine vollständige Anpassung an alle lokalen Gepflogenheiten erfolgen. Vielmehr sollte es das Ziel sein, Authentizität bei gleichzeitiger Sensibilität für bestehende Kulturland Mentalitätsunterschiede sicherzustellen.
- Ferner sollten sich westliche Führungskräfte nicht einseitig an die chinesischen Mitarbeiter anpassen. Denn auch die chinesischen Mitarbeiter, die für einen westlichen Arbeitgeber arbeiten, sollten sich an die westliche Kultur und Mentalität gewöhnen und sich auf westlichen Kollegen und Führungskräfte zubewegen. Verstellen sollten sich westliche Führungskräfte daher nicht.

Wer dies berücksichtigt und sich an die zwei zentralen Führungselemente Wertschätzung und Wertschöpfung – und damit an das „Yin und Yang" der Führung – hält, schafft die wesentlichen Voraussetzungen dafür, Mitarbeiter in China erfolgreich zu führen.

8.2 Teamführung in China

Die Herausforderung, als westliche Führungskraft in China ein Team zu führen, ist komplex. Darüber hinaus übernehmen westliche Führungskräfte oftmals chinesische Teams, die insgesamt über wenig Berufserfahrung verfügen und entsprechend angelernt werden müssen. Hinzu kommt eine weitere chinaspezifische Besonderheit, die Einfluss auf die Teamführung nimmt: Die jungen chinesischen Mitarbeiter gehören zu der Generation, die seit der Einführung der Einkindpolitik 1979 geboren wurde. Sie wuchsen als Einzelkinder auf und wurden nicht unbedingt zu „Teamplayern" erzogen. Vielmehr sind es die Einzelkinder gewöhnt, von ihrem familiären Umfeld wie „kleine Kaiser" behandelt zu werden. Entsprechend viel Aufmerksamkeit erwarten sie sich auch von ihrer Führungskraft.

Darüber hinaus erwarten chinesische Mitarbeiter von ihrer Führung, dass für das gesamte Team und die einzelnen Teammitglieder klare Ziele formuliert werden, eindeutige Aufgabenzuweisungen sowie Instruktionen erfolgen und entsprechende Ressourcen verteilt werden. Ferner sollte dem Team die Bedeutung des Beitrags für den Unternehmenserfolg klargemacht werden. Diese Herausforderungen sind durch jede westliche Führungskraft zu bewältigen, die in China ein chinesisches Team übernimmt.

Aus Sicht chinesischer Mitarbeiter zeichnet sich ein erfolgreiches Team insbesondere durch eine starke Führung aus. Dabei haben chinesische Mitarbeiter ein sehr hierarchisch geprägtes Bild von Teamarbeit. Die Organisation der Arbeit des Teams richtet sich an den Vorgaben der Führungskraft aus und weniger an Ideen und Vorstellungen der einzelnen Teammitglieder, selbst wenn dort das größere Fach- und Detailwissen angesiedelt ist. Das folgende Zitat eines westlichen Teammitglieds in China verdeutlicht dies: „Für unsere chinesischen Teamkollegen zählt nur, was der Chef sagt. Wenn man ihnen als Kollege auf gleicher Ebene einen Auftrag erteilt oder sie um etwas bittet, ignorieren sie uns meist. Erst wenn ich zu unserem Chef gehe und dieser den Auftrag erteilt, passiert etwas."

Viele erfahrene westliche Führungskräfte geben an, dass die Teamarbeit in China maßgeblich verbessert werden kann, wenn professionelle Maßnahmen zur Teamentwicklung durchgeführt werden. So ist es für westliche Führungskräfte empfehlenswert, sich von Beginn an bewusst entsprechend Zeit für die Teamentwicklung zu nehmen. Letzteres passiert nicht von allein, sondern ist ein aktiv zu steuernder Prozess. Der Führungskraft muss es gelingen, dass die Teammitglieder ihren Blick nicht nur auf sie richten, sondern auch füreinander einstehen, sich als Team verstehen und sich gegenseitig unterstützen. Erst dann kann von realisierter Teamarbeit gesprochen werden. Wie bereits mehrfach angeklungen, werden chinesische Teammitglieder oftmals eher zögern, aktiv mitzudenken und

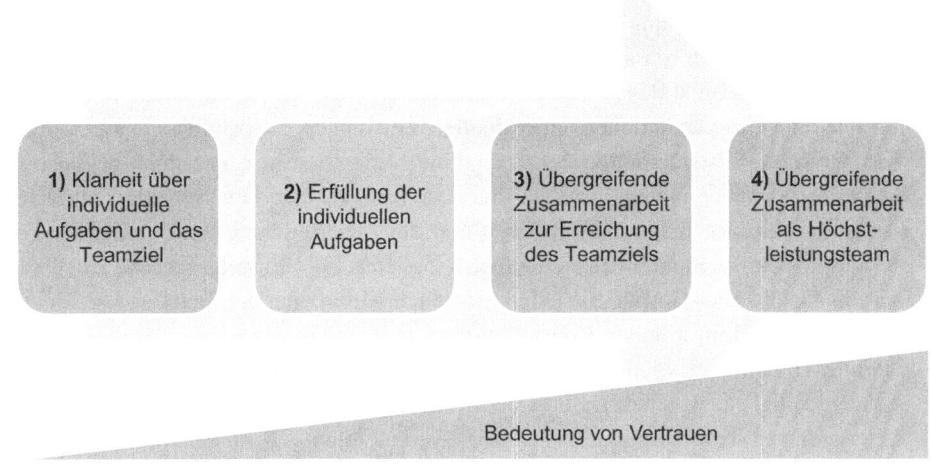

Abb. 8.2 Phasen der Teamentwicklung und die Bedeutung von Vertrauen

Ideen eigenständig zu entwickeln. Der Teamleiter sollte daher die einzelnen Teammitglieder behutsam an Eigenständigkeit heranführen.

In China sollte wesentlich mehr Zeit eingeplant werden, um das Team zu entwickeln und eine produktive und vertrauensvolle Teamkultur unter allen Beteiligten zu etablieren. Diese Zeit ist gut investiert. Denn gelingt es der Führungskraft, Vertrauen zu allen Teammitgliedern aufzubauen, sodass sich die einzelnen Teammitglieder sicher und wertgeschätzt fühlen, werden sie sich nicht nur ihren Teamkollegen, sondern auch ihrem Teamleiter gegenüber öffnen. Wichtig in China dabei ist, dass die Führungskraft stets darauf achtet, nicht einzelne Teammitglieder sichtbar zu bevorzugen. Darüber hinaus ist in jeder Situation auf die Gesichtswahrung aller Beteiligten zu achten.

Für die Entwicklung eines Teams empfiehlt es sich, in verschiedenen, aufeinander aufbauenden Phasen vorzugehen, was in der Abb. 8.2 dargestellt ist. Mit jeder Phase in diesem Teamentwicklungsprozess wächst die Bedeutung von Vertrauen der einzelnen Teammitglieder zueinander sowie zur Führungskraft. Damit wächst das Team zusammen. Führungskräfte können dieses Phasenmodell als Orientierungsrahmen nutzen, um ihre Maßnahmen zur Teamentwicklung daran auszurichten und sich auf die wesentlichen Herausforderungen in den jeweiligen Phasen einzustellen und vorzubereiten.

- Phase 1 in der Teamentwicklung ist dann erreicht, wenn das Team weiß, welche Aufgaben sowohl alle individuellen Teammitarbeiter als auch das Team als Ganzes zu erfüllen haben. Diese Stufe kann in der Regel schnell erreicht werden. Von der Führungskraft wird in dieser Phase vor allem Klarheit in der Kommunikation der Aufgaben und Ziele sowie des Zeitrahmens erwartet.
- Phase 2 in der Teamentwicklung ist dann umgesetzt, wenn die Arbeitsabläufe im Team so etabliert sind, dass jeder in der Lage ist, seine individuellen Aufgaben zu

erfüllen. In dieser Phase ist der Teamleiter gefragt, Teammitglieder bei der individuellen Aufgabenerfüllung zu unterstützen. Allerdings kann eine solche Phase auch dadurch geprägt sein, dass individuelle Teammitglieder versuchen, sich in Abgrenzung zu ihren Teamkollegen zu positionieren, relevante Informationen für sich zu behalten und die persönlichen individuellen Leistungen zu betonen. Diese Gefahr wird durch die Besonderheiten der Einzelkind-Generation in China noch begünstigt. Bleibt die Teamentwicklung in dieser Phase stehen, gehen enorme Synergie- und Effizienzpotenziale der Teamarbeit verloren und die Zielerreichung wird gefährdet. Für die Führungskraft empfiehlt es sich daher, möglichst viele Einzelgespräche zu führen und ein Gefühl und Gespür für jeden einzelnen Mitarbeiter im Team sowie für die Stimmungen und informellen Konstellationen im Team zu gewinnen. Dabei sollte die Führungskraft immer wieder die übergeordnete Zielsetzung des Teams herausheben und verdeutlichen, welchen Beitrag der einzelne Mitarbeiter für die Erreichung des übergeordneten Teamziels spielt. Gezieltes Vorenthalten von Informationen oder die Behinderung der Zusammenarbeit sollte die Führungskraft möglichst früh aufdecken und in Einzelgesprächen sanktionieren sowie vorbildliches Teamverhalten entsprechend loben. Zusätzlich sollte die Führungskraft die konkrete Nutzenargumentation für den Einzelnen hervorheben, damit jedes Teammitglied erfährt, was sein persönlicher Nutzen für hervorragende Leistungen im Team ist.
- Phase 3 ist durch die übergreifende Zusammenarbeit und zunehmende Vernetzung der einzelnen Teammitglieder gekennzeichnet. Die einzelnen Teammitglieder konzentrieren sich nicht nur auf ihre individuelle Aufgabenerfüllung, sondern unterstützen sich gegenseitig bei der Erreichung des übergeordneten Teamziels. Mit anderen Worten wächst das Team als solches zusammen. Das Selbstverständnis des Teams entwickelt sich zu einem Wir-Gefühl. Viele Teams erreichen diese Phase nie. Der Führungskraft kommt in dieser Phase die wesentliche Aufgabe zu, übergreifende Zusammenarbeit der einzelnen Teammitglieder zu honorieren und kontinuierlich das Wir-Gefühl des Teams zu stärken. Hierzu zählt auch in dieser Phase die Sanktionierung von Verhalten, das zulasten der Erreichung des Teamziels geht.
- Phase 4 stellt die effizienteste Form der Teamarbeit dar, indem sich die Fähigkeiten, die Fertigkeiten und das Wissen der einzelnen Teammitglieder synergetisch und ergänzend zu einem Höchstleistungsteam zusammenfügen. Das Vertrauen der einzelnen Teammitglieder sowohl zueinander als auch zur Führungskraft als Teamleiter ist groß. Damit ist die Effizienz der Zusammenarbeit am höchsten. Dies stellt den Zielzustand in der Teamentwicklung dar.

Wie bei jedem Team gilt, dass eine möglichst stabile Zusammensetzung eines Teams über einen gewissen Zeitablauf die Produktivität erhöht. Dies unterstreicht einmal mehr die Bedeutung eines Retention-Managements für chinesische Mitarbeiter, um durch eine Reduzierung der Fluktuation zu einer höheren Produktivität der Teams zu gelangen.

8.3 Frauen in Führungspositionen in China

Das Thema Frauen in Führungspositionen in China stellt ein spannendes und aus westlicher Sicht oftmals überraschendes Phänomen dar. Denn viele westliche Menschen denken bei der Einschätzung der Situation von Frauen in China primär an eine Unterordnung unter den Mann sowie an deren Konzentration auf häusliche Pflichten – aber nicht unbedingt an erfolgreiche, weibliche Führungskräfte. Viele westliche Mitarbeiter und Führungskräfte sind dann überrascht, wenn sie im Geschäftsleben oder im eigenen Unternehmen vor Ort in China auf sehr gut qualifizierte und selbstbewusste Frauen und Führungskräfte treffen.

Im Folgenden wird die allgemeine Situation von Frauen in Führungspositionen am chinesischen Arbeitsmarkt dargestellt, und es wird erläutert, welche Konsequenzen dies für westliche Führungskräfte hat.

Frauen in China sind hinsichtlich Führungspositionen auf dem Vormarsch – und zwar deutlich stärker, als dies in Europa oder den USA der Fall ist. Gemäß einer Studie der Firma Hays aus dem Jahr 2014, bei dem 2600 Arbeitgeber in China befragt wurden, werden 36 % der Managementpositionen von Frauen bekleidet. Damit liegt der Frauenanteil auf Managementpositionen deutlich höher als in westlichen Ländern. Die Erklärung dafür ist einfacher Natur:

- Chinas wirtschaftlicher Aufschwung und der damit verbundene Wandel haben die gesellschaftlichen Normen und Regeln in China so verändert, dass Frauen gleichberechtigte Chancen für den beruflichen Aufstieg auch in Führungspositionen erhalten. Maos Ausspruch, „Frauen gehört die Hälfte des Himmels" und die sich daran anschließenden politischen Maßnahmen haben den Wandel der Rolle der Frau in der chinesischen Gesellschaft erheblich beschleunigt und im Sinne der Gleichberechtigung der Geschlechter vorangetrieben.
- Ferner wissen weibliche Hochschulabsolventinnen in China nur zu gut, wie hoch der Marktwert von sehr gut qualifizierten Arbeitskräften ist. Daher greifen sie mit beiden Händen nach ihrer Chance, beruflich erfolgreich zu sein und finanziell auf eigenen Beinen zu stehen.
- Darüber hinaus bietet der chinesische Staat ein dichtes Netz aus staatlichen Kinderbetreuungs- und Erziehungseinrichtungen an. In vielen Familien kümmern sich auch die Großeltern um die Enkel, damit ihre Kinder sich ihrem Job widmen und damit vom Wirtschaftswachstum profitieren können. Gerade nach der Einführung von Chinas Einkindpolitik im Jahr 1979 kommen auf einen einzigen Enkel jeweils zwei Großmütter und Großväter, die sich oftmals gern und mit konfuzianischer Hingabe der Erziehung ihrer Enkel widmen.
- Anders als in westlichen Ländern können sich in chinesischen Großstädten auch Eltern aus der Mittelschicht ein Kindermädchen leisten, das sich ganztags um die Betreuung des Kindes kümmert. Hinzu kommt, dass es in China sozial vollkommen akzeptiert ist, dass beide Elternteile ihre Karrieren verfolgen. Den Begriff der „Rabenmutter" gibt es in China nicht.

- Chinesische Frauen, welche die Gunst der Zeit nutzen und beruflich Karriere machen oder gar Führungspositionen bekleiden, sind für viele junge Frauen große Vorbilder. Es wurde mit „dushi liren" (übersetzt: Stadtschönheiten) ein spezieller Begriff für jene chinesischen Frauen geschaffen, die ihre eigene Wohnung, oftmals ein eigenes Auto und einen anspruchsvollen Job haben.

Die oben beschriebenen Entwicklungen und Tendenzen haben dazu geführt, dass weibliche Mitarbeiterinnen und Führungskräfte als gleichberechtigte Partner im Berufsleben angesehen werden. Wenn es allerdings um Nachwuchs geht, sehen es weibliche chinesische Mitarbeiterinnen und Führungskräfte in der Regel als ihre wichtigste Verpflichtung ihrer Familie gegenüber an, ein Kind zu bekommen. Jedoch ist die Vorstellung, dass Frauen dann ihren Job zugunsten der Kindeserziehung aufgeben, nicht sehr verbreitet. Vielmehr ist es in China selbstverständlich, dass Mütter in Vollzeit arbeiten und dabei durchaus auch anspruchsvolle Führungspositionen ausfüllen.

Als eine schwangere chinesische Mitarbeiterin von ihrem westlichen Chef gefragt wurde, ob sie nach der kurzen Erziehungspause denn auf ihre alte Führungsposition zurückkehren würde, entgegnete sie ihm verwundert: „Warum denn nicht? Ich habe doch nicht studiert und mich jahrelang angestrengt, um dann auf einen geringeren Job zurückzukehren."

Mit anderen Worten: Frauen sind in China auf dem Vormarsch und nehmen vermehrt Führungspositionen ein. Sie werden dabei nicht nur gesellschaftlich anerkannt, sondern oftmals sogar bewundert. Immer wieder berichten westliche Mitarbeiter, die in China arbeiten, dass weibliche Führungskräfte in einer selbstverständlichen Art und Weise als Führungskräfte akzeptiert werden. Auf der anderen Seite gilt aber auch, dass Frauen im Berufsleben nicht hofiert werden. Der Frau an der Tür den Vortritt zu lassen oder ihr Gepäck abzunehmen – solche Gesten gibt es in China nicht. Damit hat die Gleichberechtigung der Geschlechter in China nicht nur auf der Chancen-, sondern auch auf der Verhaltensebene Einzug gehalten.

Literatur

AHK Business Confidence Survey. (2015). http://china.ahk.de/uploads/pics/Business_Surv_2015_cover_final.jpg.
Caye, J.-M., Michael, D. C., Lee, R., & Nettesheim, C. (2012). Four ways to stop worrying about talent in China. *bcg.perspectives, 5*(2012), 1–8.
Cosack, S., Guthridge, M., & Lawson, E. (2010). Retaining key employees in times of change. *McKinsey Quarterly, 8*(2010), 1–5.
Dewhurst, M., Pettigrew, M., & Srinivasan, R. (2012). How multinationals can attract the talent they need. *McKinsey Quarterly, 6*(2012), 1–8.
Eller, P., & Fargel, Y. (2013). Talentmanagement für Emerging Markets. *Personalführung, 5*(2013), 62–68.
Fargel, Y. (2013). Recruiting im Reich der Mitte. Wie westliche Unternehmen in China qualifizierte Talente gewinnen und binden. *Personalmanager, 5*(2013), 30–33.
Fargel, Y., & Weiß, F. (2014a). Deutsch-chinesische Projektteams erfolgreich führen. In D. Hecht (Hrsg.), *Modernes Beschaffungsmanagement in Lehre und Praxis* (S. 269–280). Berlin: Uni-Edition.
Fargel, Y., & Weiß, F. (2014b). Projektmanagement in China: Deutsch-chinesische Projektteams erfolgreich führen. *Personalführung, 6*(2014), 66–73.
Fargel, Y., & Wenzel, P. (2015). Chinesische Mitarbeiter finden und binden am Beispiel der Personalstrategie der BMW Group. *Personalmagazin, 7*(2015), 31–33.
Jablonski, H. W. (2000). Lernen durch „Shadowing" im Executive Partnering Program. *Personalführung, 5*(2000), 68–71.
Kinkel, S., & Kleine, O. (2013). Die neuen China-Strategien. *Harvard Business Manager, 2*(2013), 10–11.
Klorer, E., & Stepan, M. (2015). Ausbildung am Bedarf vorbei: Fachkräftemangel bedroht Chinas Aufstieg zur Industrie-Supermacht. Merics China Monitor Nr. 24, 09/2015. https://www.merics.org/de/ueber-uns/merics-analysen/analysechina-monitor/merics-china-monitor-no-24/.
Lang, S. (2015). Abenteuer Auslandsstudium: Wege vom Reich der Mitte nach Deutschland und die Welt, Merics-Studie zu Vorstellungen und Plänen angehender chinesischer Auslandsstudenten, 10/2015. https://www.merics.org/de/ueber-uns/merics-analysen/merics-studien/abenteuer-auslandsstudium/.
Martin, J., & Schmidt, C. (2010). So funktioniert Talentmanagement. *Harvard Business Manager, 32*(7), 27–36.
Mehta, A. (2015). A chinese approach to talent management. *IIRCI Certified,* Bd. 1, 1–13..
Shi-Kupfer, K., Zhu, Y. (2014). Chinesische Träume: Wohin führt die Suche nach Werteorientierungen in der Volksrepublik? Merics China Monitor Nr. 5, (2014), S. 1–17.

Statistisches Bundesamt. (2015). Deutschlands wichtigste Handelspartner nach Export-/Importvolumen. https://infographic.statista.com/normal/infografik_5009_deutschlands_wichtigste_handelspartner_n.jpg.

Stepan, M. (2014). Soziale Sicherheit mit chinesischen Besonderheiten. Merics China Monitor Nr. 4, (2014), S 1–13.

Waldkirch, K. (2009). *Erfolgreiches Personalmanagement in China. Rekrutierung, Mitarbeiterführung, Verhandlung*. Wiesbaden: Springer Fachmedien.

Wübbeke, J., & Conrad, B. (2015). Industrie 4.0: Deutsche Technologie für Chinas industrielle Aufholjagd. Merics China Monitor Nr. 23, 03/2015. http://www.merics.org/fileadmin/templates/download/china-monitor/China_Monitor_No_23.pdf.

The manufacturer's authorised representative in the EU is Springer Nature Customer Service Centre GmbH, Europaplatz 3, 69115 Heidelberg, Germany. If you have any concerns regarding our products, please contact ProductSafety@springernature.com

Printed and bound by CPI Group (UK) Ltd, Croydon, CR0 4YY
25/03/2026
02078194-0020